Nujeen Mustafa & Christina Lamb

NUJEEN

A incrível jornada de uma garota que fugiu da guerra na Síria em uma cadeira de rodas

São Paulo
2017

UNIVERSO DOS LIVROS

Título original: *Nujeen: One girl's incredible journey from war-torn Syria in a wheelchair*

Diretor editorial: **Luis Matos**
Editora-chefe: **Marcia Batista**
Assistentes editoriais: **Aline Graça e Letícia Nakamura**
Tradução: **Elvira Serapicos**
Preparação: **Marina Constantino**
Revisão: **Mariane Genaro e Alexander Barutti**
Arte: **Francine C. Silva e Valdinei Gomes**
Foto de capa: **Chris Floyd**
Capa: **Francine C. Silva**
Mapa: **Martin Brown**

Todas as fotografias pertecem à família Mustafa, com exceção das que estão creditadas.

Dados Internacionais de Catalogação na Publicação (CIP)
Angélica Ilacqua CRB-8/7057

M982n Mustafa, Nujeen

Nujeen: a incrível jornada de uma garota que fugiu da guerra na Síria em uma cadeira de rodas / Nujeen Mustafa e Christina Lamb; tradução de Elvira Serapicos. – São Paulo: Universo dos Livros, 2017.

248 p.: il.

ISBN: 978-85-503-0118-1

Título original: *Nujeen - one girl's incredible journey from war-torn Syria in a wheelchair*

1. Refugiados – Síria – Biografia 2. Mustafa, Nujeen, 1999 – Biografia 3. Síria – Guerra I. Título II. Lamb, Christina III. Serapicos, Elvira

17-0468 CDD 362.87095691

Universo dos Livros Editora Ltda.
Rua do Bosque, 1589 – Bloco 2 – Conj. 603/606
CEP 01136-001 – Barra Funda – São Paulo/SP
Telefone/Fax: (11) 3392-3336
www.universodoslivros.com.br
e-mail: editor@universodoslivros.com.br
Siga-nos no Twitter: @univdoslivros

“Estou vendo a Terra! Ela é tão bonita!”
— Yuri Gagarin, primeiro homem a viajar ao espaço, 1961

Lugares na rota de Nujeen
0
100
200
300 miles
0
500 km
Dortmund
Essen
Berlim
Varsóvia
ALEMANHA
Colônia
Wesseling
POLÔNIA
LUX.
Nuremberg
Neumarkt
REPÚBLICA CHECA
FRANÇA
ESLOVÁQUIA
Munique
Ponte do Saalach
Viena
Rosenheim
Salzburg
SUÍÇA
ÁUSTRIA
Budapeste
Graz
HUNGRIA
Röszke
ESLOVÊNIA
Horgoš
Apatin
ROMÊ
CROÁCIA
ITÁLIA
Belgrado
BÓSNIA E HERZEGOVINA
SÉRVIA
Sófia
MONTENEGRO
BUL
Córsega
Miratovac
Roma
Lojane
MACEDÔNIA
Gevgelija
Evzonoi
ALBÂNIA
Sardenha
Tessalônica
GRÉCIA
Atenas
Sicília
Creta
MAR

Áustria
Spielfeld
Maribor
Eslovênia
Ljubljana
Logatec
Persice
Slovenska Vas
Estrada Žumberački
Zagreb
Postojna
Croácia
Kiev
Ucrânia
Moldávia
Behram
Skala Sikamineas
Lesbos
Mitilene
Atenas via balsa
careste
Mar Negro
Istambul
Ancara
Turquia
Gaziantep
Jarablus
Manbij
Alepo
Esmirna
Síria
Chipre
Líbano
Mediterrâneo
Damasco
Iraque

PRÓLOGO
A travessia

BEHRAM, TURQUIA, 2 DE SETEMBRO DE 2015

Da praia, podíamos ver a ilha de Lesbos – e a Europa. O mar se estendia para ambos os lados até onde a vista alcançava e não estava agitado, estava calmo, salpicado apenas por pequeníssimas manchas de espuma branca que pareciam dançar sobre as ondas. A ilha não aparentava ser tão distante, erguendo-se no oceano como se fosse um pão de pedra. Mas era como se os botes cinzentos estivessem afundando na água, sob o peso do maior número possível de pessoas que os atravessadores conseguiam amontoar.

Era a primeira vez que eu via o mar. A primeira vez para tudo – viajar de avião, viajar de trem, ficar longe dos meus pais, ficar em um hotel e agora pegar um bote! Quando estava em Alepo, eu praticamente não saía do nosso apartamento no quinto andar.

Tínhamos ouvido falar dos que partiram antes que, em um belo dia de verão como aquele, um barco a motor levaria pouco mais de uma hora para atravessar o estreito. Aquela era uma das rotas mais curtas entre a Turquia e a Grécia – cerca de treze quilômetros. O problema era que em geral os motores dos botes eram velhos e baratos, além de ficarem sobrecarregados com o peso de cinquenta ou sessenta pessoas, de forma que as viagens demoravam três ou quatro horas. Em uma noite chuvosa, quando as ondas chegavam a três metros de altura e sacudiam os barcos como se fossem brinquedos, às vezes eles nem chegavam do outro lado e as jornadas cheias de esperança terminavam em morte no fundo do mar.

A praia não era coberta de areia como eu havia imaginado, mas, sim, de pedregulhos – algo impossível para minha cadeira de rodas. Podíamos ver que estávamos no lugar certo por causa de uma caixa de papelão rasgada com os dizeres "Bote de borracha inflável; *Made in China* (capacidade máxima: 15 passageiros)" e uma trilha formada por objetos espalhados pela praia como se fossem restos e destroços de um naufrágio. Havia pastas de dente, embalagens de fraldas, biscoitos, mochilas e muitas roupas e sapatos. Camisetas e calças jeans jogadas fora porque não havia espaço no barco, e os atravessadores obrigam as pessoas a viajar com o mínimo possível. Havia também um par de sapatos cinza de salto alto com pompons pretos, o que parecia uma coisa louca para ser levada em uma viagem daquelas. E uma pequena sandália cor-de-rosa, enfeitada com uma rosa de plástico. Um tênis infantil com sola iluminada. Um grande urso cinza, sem um dos olhos, que alguém certamente abandonara com grande dificuldade. Todas essas coisas haviam transformado aquele lugar lindo em um depósito de lixo, o que me deixou triste.

Passamos a noite nos olivais, depois de termos sido deixados pelo micro-ônibus do atravessador na estrada do penhasco. Dali, tivemos que descer a pé até a costa, que ficava a cerca de um quilômetro e meio. Pode não parecer muito, mas é um longo caminho para quem está em uma cadeira de rodas em um terreno acidentado, tendo apenas a irmã para empurrar e debaixo do sol forte da Turquia, que fazia o suor abundante escorrer pela testa e entrar nos olhos. Havia uma estrada descendo a colina em zigue-zague, que tornaria tudo muito mais fácil, mas não podíamos seguir por esse caminho, pois correríamos o risco de sermos vistos pela polícia turca, que poderia nos colocar em um centro de detenção ou até nos mandar de volta.

Eu estava com duas das minhas quatro irmãs mais velhas: Nahda, que também precisava cuidar de sua bebê e de três meninas pequenas, e Nasrine, que sempre cuida de mim e é tão linda quanto seu nome, que lembra a rosa branca que floresce nas colinas do Curdistão. Também estavam conosco alguns primos cujos pais – minha tia e meu tio – haviam sido assassinados por atiradores do Estado Islâmico em junho, quando foram a um funeral em Kobani, dia que não quero lembrar.

O caminho era muito acidentado. O chato é que Nasrine foi puxando a cadeira, de forma que fiquei de costas e só conseguia ver alguns lampejos do mar, mas quando o via era de um azul cintilante. Azul é a minha cor favorita porque é a cor do planeta de Deus. Todos estavam com muito calor e bastante incomodados. A cadeira de rodas era muito grande para mim, e eu segurava as laterais com tanta força que meus braços ficaram doloridos e as minhas nádegas, machucadas, por causa dos solavancos, mas eu não reclamava de nada.

Como acontecia em todos os lugares por onde passávamos, contei para minhas irmãs algumas informações que havia reunido antes de partirmos. Eu estava emocionada porque no alto da colina ficavam a antiga cidade de Assos e as ruínas do templo dedicado à deusa Atena. E, melhor ainda, Aristóteles viveu ali. Ele criou uma escola de filosofia voltada para o mar com o intuito de poder observar as marés e desafiar a teoria de seu antigo mestre, Platão, que dizia que as marés eram turbulências causadas pelos rios. Mas, quando os persas atacaram a cidade, os filósofos fugiram e Aristóteles acabou na Macedônia como tutor do jovem Alexandre, o Grande. O apóstolo São Paulo também passou por ali, em sua jornada da Síria em direção a Lesbos. Como sempre, minhas irmãs não se mostraram muito interessadas.

Desisti de contar mais coisas e fiquei observando as gaivotas que se divertiam sobrevoando as termas e fazendo muito barulho no céu azul, azul, sem parar por nem sequer um minuto. Como eu gostaria de poder voar. Nem mesmo os astronautas têm essa liberdade.

Para ter certeza de que estávamos seguindo as coordenadas que o atravessador havia nos dado, Nasrine verificava toda hora o celular Samsung que nosso irmão Mustafa havia comprado para levarmos na viagem. Mesmo assim, quando chegamos à praia, descobrimos que não estávamos no lugar certo. Cada atravessador tinha seu "ponto" – nós tínhamos tiras de tecido colorido nos pulsos para nos identificarmos –, e nós estávamos no local errado.

O ponto para onde precisávamos ir não era muito distante, mas havia um rochedo no caminho pela praia. Para continuarmos por ali, teríamos que contornar o penhasco a nado, o que evidentemente era impossível. Então tivemos que subir e descer outra colina por um caminho acidentado até chegar ao ponto certo da praia. Aquelas encostas eram um verdadeiro inferno. Se alguém escorregasse e caísse no mar, seria morte certa. O terreno era tão irregular que não pude ser puxada ou empurrada, tiveram que me carregar. Meus primos fizeram piada: "Você é uma rainha, rainha Nujeen!".

Quando finalmente chegamos à praia certa, o sol estava se pondo e tingindo o céu com uma explosão de cores, como se as minhas sobrinhas pequenas tivessem riscado o céu com seus lápis de cor. Nas colinas acima de nós soava o tilintar suave dos sinos das cabras.

Passamos a noite nos olivais. Depois do pôr do sol, a temperatura caiu abruptamente; eu podia sentir o chão duro e pedregoso, apesar de Nasrine ter espalhado todas as nossas roupas ao meu redor. Eu estava exausta, jamais havia passado tanto tempo fora de casa em toda a minha vida e dormi praticamente a noite inteira. Não podíamos fazer uma fogueira para não chamar a atenção da polícia. Algumas pessoas se cobriram com os restos de papelão. Parecia um daqueles filmes em que um grupo de pessoas sai para acampar e acontece alguma coisa terrível.

Para o café da manhã, tínhamos cubos de açúcar e Nutella, o que pode parecer bacana, mas não é quando isso é tudo o que se tem. Os atravessadores tinham prometido que sairíamos cedinho, por isso assim que o sol surgiu já estávamos todos prontos na praia com nossos coletes salva-vidas. Havíamos colocado nossos celulares dentro de balões de festa para protegê-los durante a travessia, truque que tinham nos ensinado em Izmir.

Havia vários outros grupos esperando. Tínhamos pagado 1500 dólares em vez dos habituais 1000 dólares para cada um a fim de ter um bote só para a nossa família, mas aparentemente haveria outras pessoas em nosso bote. Seríamos 38 no total – 27 adultos e 11 crianças. Agora que estávamos ali não havia nada que pudéssemos fazer – não podíamos simplesmente voltar; além disso, as pessoas diziam que os atravessadores usavam facas e ferrões de gado contra aqueles que mudassem de ideia.

Não havia uma única nuvem no céu, e de perto pude ver que o mar não tinha só uma cor, o azul das fotos e da minha imaginação, mas era de um azul-turquesa brilhante perto da praia que virava um azul-escuro quase cinza-chumbo e depois um índigo perto da ilha. Eu só conhecia o mar pelos documentários do National Geographic e agora era como se eu fizesse parte de um. Eu me sentia realmente conectada e não conseguia entender por que todos estavam tão nervosos. Para mim aquilo parecia uma grande aventura!

As outras crianças estavam correndo e juntando pedras de várias cores. Um menino afegão me deu uma com formato de pomba, acinzentada e achatada, atravessada por um veio branco. Era macia e lisa, desgastada pelo mar. Não é muito fácil eu conseguir segurar as coisas por causa dos meus dedos esquisitos, mas não larguei aquela pedra.

Havia pessoas vindas da Síria, como nós, e também do Iraque, Marrocos e Afeganistão, usando uma língua que não entendíamos. Algumas pessoas contavam histórias, mas a maioria quase não falava. Não era preciso. Deixar para trás tudo o que conheciam e que haviam construído em seu próprio país para embarcar em uma jornada incerta e perigosa é muito ruim.

Assim que começou a amanhecer, vimos os primeiros botes saírem. Dois seguiram mais ou menos em linha reta, mas dois pareciam estar indo em várias direções. Os botes não tinham um piloto – os atravessadores deixavam que um refugiado viajasse pela metade do preço ou até de graça se pilotasse o bote mesmo que não tivesse experiência alguma. "É como dirigir uma motocicleta", eles diziam. Meu tio Ahmed iria pilotar nosso barco. Eu sabia que ele jamais havia conduzido um barco, assim como nós nunca tínhamos visto o mar; ele administrava uma loja de celulares, mas nos garantiu que sabia o que fazer.

Ouvimos falar que alguns refugiados aceleravam e forçavam demais o motor para chegar às águas gregas o mais rápido possível. Às vezes não havia combustível suficiente. Quando isso acontece, a guarda costeira turca prende e leva os refugiados de volta. No Café Sinbad, em Izmir, conhecemos uma família de Alepo que havia tentado fazer a travessia seis vezes. Nós não tínhamos dinheiro para continuar tentando.

Por volta das nove horas da manhã, meu tio Ahmed chamou o atravessador, mas ele disse que precisávamos esperar até a guarda costeira ir embora. "Escolhemos o atravessador errado", disse Nasrine. Fiquei preocupada, achando que tínhamos sido enganados de novo. Não esperávamos ficar ali por tanto tempo, por isso começamos a sentir fome e sede, o que era irônico já que estávamos diante de tanta água. Minhas primas tentaram encontrar água para mim e para as crianças, mas não encontraram.

O dia ficou mais quente. Apesar de ter chegado com botes para nós e para outros grupos, o atravessador disse que não poderíamos sair antes da troca de turno da guarda costeira. Os marroquinos ficaram seminus e começaram a cantar. À tarde, as ondas foram ficando cada vez mais altas, fazendo barulho ao baterem na praia. Nenhum de nós queria sair à noite, pois tínhamos ouvido histórias a respeito de uma espécie de piratas em *jet skis* que aproveitavam a escuridão para subir nos botes e roubar os motores dos barcos e os pertences dos refugiados.

Finalmente, por volta das cinco da tarde, eles disseram que os guardas costeiros estavam trocando de turno e que poderíamos aproveitar para sair naquele momento. Eu voltei a olhar para o mar. Uma neblina baixava e o barulho das gaivotas não parecia mais muito alegre. Uma sombra escura cobria a ilha. Alguns chamam a travessia de *rihlat al-moot*, ou rota para a morte. Ela nos levaria para a Europa ou nos engoliria. Pela primeira vez eu senti medo.

Quando estava em casa, costumava assistir a uma série do canal National Geographic chamada *Teste o seu cérebro*, que mostrava como os sentimentos de medo e de pânico são controlados pelo cérebro; por isso comecei a respirar fundo, repetindo para mim mesma que eu era forte.

PRIMEIRA PARTE
A perda de um país

SÍRIA, 1999-2014

"Antes de serem números, essas pessoas são,
em primeiro lugar, seres humanos."
— Papa Francisco, Lesbos, 16 de abril de 2016

1
Estrangeiros em nossa própria terra

Eu não coleciono selos, moedas ou figurinhas de futebol – eu coleciono fatos. Acima de tudo, gosto de fatos a respeito da Física e do espaço, particularmente da teoria das cordas. E também sobre história e dinastias, como a dos Romanov. E sobre pessoas controvertidas, como Howard Hughes e J. Edgar Hoover.

Meu irmão Mustafa diz que eu só preciso ouvir uma vez para lembrar qualquer coisa depois. Eu posso fazer uma lista com o nome de todos os membros da família Romanov, desde o primeiro czar, Miguel, até Nicolau II, assassinado pelos bolcheviques com toda a sua família, até mesmo sua filha mais nova, Anastásia. Sei dizer exatamente a data em que Elizabeth II se tornou rainha da Inglaterra – tanto o dia em que seu pai morreu como o dia de sua coroação – e as datas de seu aniversário, o verdadeiro e o oficial. Eu gostaria de me encontrar com ela um dia e perguntar "Como é ter a rainha Vitória como tataravó?" e "Não é estranho que todo mundo cante uma música sobre salvar a senhora?".

Também sei que o único animal que não produz som algum é a girafa, pois não tem cordas vocais. Esse era um dos meus fatos favoritos, mas as pessoas começaram a chamar nosso ditador, Bashar al-Assad, de O Girafa por ter um pescoço comprido.

Mas há um fato do qual acho que ninguém deveria gostar. Você sabia que, atualmente, uma a cada 113 pessoas no mundo fugiu de seu lar ou foi obrigada a abandoná-lo? Muitas dessas pessoas estão fugindo de guerras como a que está devastando nosso país, a Síria, ou as que ocorrem no Iraque, no Afeganistão e na Líbia. Outras estão fugindo de grupos terroristas no Paquistão e na Somália ou da perseguição dos regimes dos mulás no Irã e no Egito. E há também aquelas que fogem da ditadura na Gâmbia, do recrutamento forçado na Eritreia, da fome e da pobreza em outros países da África. Nunca vi isso em um mapa. Na TV, sempre ouço os repórteres dizerem que o movimento de pessoas do Oriente Médio, do norte da África e da Ásia Central em direção à Europa representa a maior crise de refugiados desde a Segunda Guerra Mundial. Em 2015, mais de 1,2 milhão veio para a Europa. Eu fui um deles.

Odeio a palavra "refugiado" mais do que qualquer outra. Em alemão pode ser traduzida para *Flüchtling*, que também é dura. Serve para se referir a um cidadão de segunda classe, com um número rabiscado em sua mão ou impresso em seu pulso, que todos gostariam que desaparecesse. Em 2015, eu realmente me tornei um fato, uma estatística, um número. Por mais que eu goste de fatos, nós não somos números, somos seres humanos, e cada um tem sua história. Esta é a minha.

Meu nome é Nujeen, que significa "vida nova", e acho que posso dizer que eu não era esperada. Meus pais já tinham quatro meninos e quatro meninas e, quando eu nasci, no primeiro dia de 1999, 26 anos depois do meu irmão mais velho, Shiar, alguns deles já estavam casados e a mais nova, Nasrine, tinha nove anos, de forma que todos achavam que a família estava completa. Minha mãe quase morreu no parto e depois ficou tão fraca que foi minha irmã mais velha, Jamila, quem realmente cuidou de mim, e eu sempre a considerei uma segunda mãe. No começo a família ficou feliz por ter um bebê na casa, mas depois comecei a chorar sem parar. A única coisa que me fazia parar era um toca-fitas com a música de *Zorba, o Grego*, mas isso deixava meus irmãos quase tão malucos quanto meu choro.

Nós vivíamos em Manbij, uma esquecida cidadezinha empoeirada e desértica, localizada no norte da Síria, não muito longe da fronteira com a Turquia, a cerca de 30 quilômetros do rio Eufrates e da hidrelétrica Tishreen, que fornecia a eletricidade. A lembrança mais antiga que guardo na memória é do barulhinho do vestido da minha mãe – um cafetã de cor clara que chegava até os tornozelos. Ela também tinha o cabelo comprido, e nós a chamávamos de Ayee e meu pai de Yaba, que não são palavras árabes. O primeiro fato a saber a meu respeito é que pertenço à etnia curda.

Nós éramos uma das cinco famílias curdas em uma rua de uma cidade de maioria árabe; eles eram beduínos, mas nos olhavam com desprezo e chamavam nossa área de Colina dos Estrangeiros. Na escola e nas lojas tínhamos que falar a língua deles; só podíamos falar em nosso dialeto curdo, curmânji, quando estávamos em casa. Isso era muito difícil para meus pais, que não sabiam falar árabe e, de qualquer forma, eram analfabetos, e também para meu irmão mais velho, Shiar, de quem as outras crianças zombavam porque não sabia falar árabe.

Manbij é um lugar meio folclórico e muito rigoroso em relação ao islamismo, por isso meus irmãos tinham que frequentar a mesquita e, se Ayee quisesse fazer compras no mercado, tinha que ir acompanhada por um deles ou por meu pai. Nós também somos muçulmanos, mas não somos tão rígidos. No colégio, minhas irmãs e minhas primas eram as únicas garotas que não cobriam a cabeça.

Tínhamos saído de nossas terras, em um vilarejo curdo ao sul da cidade de Kobani, por causa de uma *vendeta* com um vilarejo vizinho. Os curdos são um povo tribal, e minha família pertence à grande tribo Kori Beg, descendente de um famoso líder rebelde; por isso, parece que quase todos os curdos são primos. O vilarejo vizinho também era Kori Beg, mas de um clã diferente. O problema com eles aconteceu muito antes de eu ter nascido, mas todos nós conhecíamos a história. As duas vilas tinham ovelhas; um dia alguns pastores do outro vilarejo trouxeram seu rebanho para pastar em nossos campos e acabaram brigando com nossos pastores. Pouco tempo depois, quando estavam a caminho do outro vilarejo para ir a um funeral, alguns de nossos parentes foram atingidos por tiros disparados por dois homens do vilarejo vizinho. Quando nosso clã revidou, um dos homens morreu. Eles juraram vingança, e por isso tivemos que fugir. Foi assim que fomos parar em Manbij.

As pessoas não sabem muita coisa a respeito dos curdos – às vezes tenho a impressão de que somos completamente desconhecidos no resto do mundo. Somos um povo orgulhoso e temos nossa própria língua, culinária, cultura e uma longa história que remonta há 2 mil anos, quando surgiram os primeiros registros que nos identificaram como carduchi. Nosso povo é formado por cerca de 30 milhões de pessoas, mas nunca tivemos nosso próprio país. Na verdade, somos a maior tribo apátrida do mundo. Esperávamos ter nosso próprio território quando britânicos e franceses dividiram o derrotado Império Otomano depois da Primeira Guerra Mundial, assim como os árabes pensaram que teriam sua independência após a Revolta Árabe. As potências aliadas até assinaram um acordo chamado Tratado de Sèvres em 1920, que reconhecia um Curdistão autônomo.

Mas o novo líder turco, Kemal Atatürk, que comandara a luta pela independência de seu país, não aceitou essa decisão; então encontraram petróleo em Mossul, na área que seria do Curdistão, de forma que o tratado nunca foi ratificado. Na verdade, um diplomata inglês e um diplomata francês, Mark Sykes e Georges Picot, já haviam firmado um pacto secreto para dividir o Levante entre eles e traçado sua linha infame na areia desde Kirkuk, no Iraque, até Haifa, em Israel, criando os estados modernos do Iraque, da Síria e do Líbano. Assim, os árabes ficaram sob o domínio colonial, entre fronteiras que davam pouca atenção às realidades tribais e étnicas, e nós, os curdos, fomos divididos entre quatro países que não gostam de nós.

Atualmente, cerca de metade dos curdos vive na Turquia, alguns no Iraque, outros no Irã e aproximadamente 2 milhões na Síria, onde somos a minoria, tanto em relação à população curda dos outros países quanto aos habitantes da Síria, na qual representamos cerca de quinze por cento da população. Apesar de nossos dialetos serem diferentes, sei distinguir um curdo de qualquer outra pessoa no mundo – primeiro pela língua, depois pela aparência. Alguns de nós vivemos em cidades como Istambul, Teerã e Alepo, mas a maioria vive nas montanhas e nos planaltos da Turquia, da Síria, do Iraque e do Irã.

Estamos cercados por inimigos, por isso temos que ser fortes. Ahmad Khani, nosso Shakespeare curdo, escreveu no século XVII que nós somos como "torres em quatro cantos em torno dos turcos e dos persas... ambos os lados transformaram o povo curdo em alvo para as flechas de seu destino". Yaba acredita que um dia existirá um Curdistão, talvez enquanto eu ainda estiver viva. "Aquele que tem história tem futuro", ele diz sempre.

O engraçado é que muitos dos heróis "árabes" famosos são curdos e ninguém admite isso. Como Saladino, que lutou contra os cruzados e expulsou os europeus de Jerusalém, ou Yusuf al-Azma, que morreu lutando enquanto liderava as forças sírias contra a ocupação francesa em 1920. Há uma pintura enorme de Saladino e seus exércitos árabes no salão de entrada do palácio de Assad, e temos muitas praças e estátuas em homenagem a Yusuf al-Azma, mas nenhuma diz que eles eram curdos.

Em vez disso, o regime sírio nos chama de "*ajanib*", ou estrangeiros, apesar de que vivemos aqui desde antes mesmo da chegada dos cruzados. Muitos curdos que vivem na Síria não têm uma carteira de identidade, e sem esse documento cor de laranja você não pode comprar uma propriedade, conseguir um emprego no governo, votar nas eleições ou matricular seus filhos no colegial.

Acho que a Turquia é o lugar mais difícil para os curdos. Atatürk lançou uma campanha de turquificação, e o país nem sequer reconhece os curdos como um povo, chamando-os de turcos das montanhas. Nossa família vive nos dois lados da fronteira, e uma das minhas tias que vivia na Turquia disse que não pôde dar um nome curdo ao filho e teve que chamá-lo de Orhan, que é um nome turco. Nasrine passou uns tempos com ela e disse que eles não falam curdo e desligavam o rádio quando ela ouvia música curda.

Eis outro fato a respeito dos curdos. Temos o nosso próprio alfabeto, que a Turquia não reconhece, e até não muito tempo atrás você poderia ser preso se usasse as letras Q, W e X, que não existem na língua turca. Imagine ir para a prisão por causa de uma consoante!

Temos um ditado que diz que "Os curdos só têm amigos nas montanhas". Adoramos as montanhas e acreditamos que somos descendentes de crianças que se esconderam nelas para fugir de Zuhak, um gigante demoníaco com duas serpentes saindo de seus ombros; cada uma delas precisava ser alimentada todos os dias com o cérebro de um menino. Até o dia em que um ferreiro chamado Kawa, cansado de perder seus filhos, começou a alimentar as serpentes com o cérebro de ovelhas e escondeu os meninos até conseguir formar um exército para matar o gigante.

Quando se reúnem, os curdos sempre contam histórias. A mais famosa é uma versão de *Romeu e Julieta* chamada *Mem e Zin*. A história fala de uma ilha governada por um príncipe que tem duas belas irmãs, mantidas trancadas por ele; uma delas se chama Zin. Um dia, Zin e sua irmã conseguem escapar para ir a um festival disfarçadas de homens; então elas conhecem dois belos mosqueteiros; um deles é Mem. As irmãs e os mosqueteiros se apaixonam e muitas coisas acontecem, mas Mem é preso e depois assassinado; e Zin morre de dor por conta da morte de seu amor. Mesmo depois da morte, eles são separados por um arbusto de espinhos que cresce entre os dois. A história começa dizendo: "Se ao menos existisse harmonia entre nós, se obedecêssemos a um único de nós, ele reduziria à vassalagem turcos, árabes e persas, todos eles", e muitos curdos dizem que isso simboliza nossa luta por uma pátria. Mem representa o povo curdo e Zin, o país dos curdos, separados por circunstâncias infelizes. Algumas pessoas acreditam que a história é real e até existe um túmulo que você pode visitar.

Eu cresci ouvindo essa história, mas acho que não gosto dela. É muito longa e não me parece muito realista. Na verdade, prefiro *A Bela e a Fera*, porque se baseia em uma coisa boa, que é amar alguém por suas qualidades interiores, por sua personalidade, e não por sua aparência.

Antes de envelhecer, parar de trabalhar e passar o tempo fumando e resmungando porque os filhos não frequentavam a mesquita, Yaba era comerciante de ovelhas e cabras. Ele tinha aproximadamente sessenta acres de terra, onde mantinha os rebanhos como seu pai antes dele, chegando até meus tataravós, que tinham camelos e ovelhas.

Meus irmãos mais velhos dizem que, quando ele começou, comprava apenas uma cabra por semana no mercado aos sábados e a vendia na semana seguinte com um pequeno lucro, porém, com o passar do tempo acabou juntando um rebanho de duzentas cabeças. Acho que a venda de ovelhas não rendia muito dinheiro, pois nossa casa tinha apenas dois cômodos e um pátio com uma pequena cozinha, o que era muito apertado para tantas pessoas. Mas meu irmão mais velho, Shiar, nos mandava dinheiro, por isso construímos outro quarto, onde Ayee guardava sua máquina de costura, com a qual eu me divertia quando ninguém estava olhando. Eu dormia lá com ela, a menos que tivéssemos hóspedes.

Shiar vive na Alemanha e é diretor de cinema; ele fez um filme chamado *Walking* sobre um velho maluco que anda muito por um vilarejo curdo no sul da Turquia. O homem faz amizade com um menino pobre que vende chicletes, e então a região é tomada por militares. O filme causou protestos na Turquia porque o velho curdo dá um tapa em um soldado turco; algumas pessoas disseram que uma coisa dessas não deveria ser mostrada – como se não soubessem que existe uma diferença entre um filme e a vida real.

Eu nunca tinha conhecido Shiar, pois ele deixou a Síria em 1990, quando tinha 17 anos, muito antes de eu nascer, para não ser convocado e enviado para a Guerra do Golfo, no Iraque – éramos amigos dos americanos naquela época. A Síria não queria que os curdos frequentassem as universidades ou que tivessem empregos no governo, mas queria que lutassem em seu exército e que se filiassem ao partido Baath. Todos os estudantes deveriam se filiar, mas Shiar se recusou e conseguiu fugir quando ele e outro rapaz estavam sendo levados à força até a sede do partido. Ele sonhava em ser diretor de cinema, o que é estranho porque, quando ele era garoto em Manbij, não tínhamos sequer um aparelho de TV em casa, só um rádio, pois os religiosos não aprovavam. Com 12 anos ele criou sua própria série radiofônica com alguns colegas de classe e sempre dava um jeito de fugir para aproveitar cada oportunidade que tivesse de assistir à TV na casa dos outros. Minha família conseguiu juntar 4500 dólares para comprar um passaporte iraquiano falso em Damasco, e ele foi estudar em Moscou. Ele não ficou muito tempo na Rússia; foi para a Holanda e conseguiu asilo. Não existem muitos diretores de cinema curdos, por isso ele é famoso em nossa comunidade, mas não podíamos falar dele porque o regime não gosta dos filmes que ele faz.

A árvore genealógica da nossa família mostra apenas os homens, mas não mostrava Shiar, para que ninguém fizesse a ligação dele conosco e nos causasse problemas. Eu não entendida por que não havia mulheres. Ayee era analfabeta – ela se casou com meu pai quando tinha 13 anos, o que significa que com a minha idade atual ela já era casada há quatro anos e tinha um filho. Mas ela sempre fez todas as nossas roupas, sabe apontar onde ficam todos os países do mundo em um mapa e sempre consegue lembrar o caminho de volta onde quer que esteja. Ela também é boa com contas de somar, por isso sabe se os comerciantes do mercado estão tentando enganá-la. Toda a nossa família é boa em matemática, menos eu. Meu avô materno foi preso pelos franceses por ter uma arma e acabou dividindo a cela com um homem estudado que o ensinou a ler; por causa disso, Ayee quis que nós estudássemos. Minha irmã mais velha, Jamila, parou aos 12 anos porque as meninas da nossa tribo tinham que deixar a escola para cuidar da casa. Mas, depois dela, minhas outras irmãs – Nahda, Nahra e Nasrine – puderam frequentar a escola como os meninos – Shiar, Farhad, Mustafa e Bland. Temos um ditado curdo que diz: "Macho ou fêmea, o leão continua sendo leão". Yaba disse que elas poderiam continuar estudando desde que passassem nos exames.

Todas as manhãs eu ficava sentada na escada enquanto elas saíam, balançando as mochilas e conversando com as amigas. A escada era meu lugar favorito para sentar, brincando com o barro e vendo as pessoas passarem. Mas o que ficava esperando mesmo era o homem do salepo. Se você nunca experimentou, salepo é uma espécie de vitamina de leite engrossado com a farinha feita das raízes de orquídeas das montanhas aromatizada com água de rosas e canela e servida em uma xícara. É delicioso. Eu sempre sabia quando o homem do salepo estava se aproximando porque o aparelho de som do seu carrinho de alumínio transmitia versos do Alcorão, e não música, como o dos outros vendedores ambulantes.

Eu me sentia solitária depois que elas saíam, com Yaba fumando e mexendo as contas do cordão quando não ia cuidar de suas ovelhas. No lado direito do terreno, entre a nossa casa e a dos vizinhos, que eram meu tio e meus primos, havia um cipreste escuro e assustador. No telhado havia sempre alguns gatos de rua e cães vadios que me faziam estremecer porque, se viessem atrás de mim, eu não poderia correr. Eu não gosto de cachorros nem de gatos, nem de qualquer coisa que se movimente com rapidez. Havia uma família de gatos brancos com manchas alaranjadas que rosnava e ameaçava quem quer que se aproximasse, e eu os odiava.

A única época do ano em que eu gostava do nosso telhado era nas noites quentes de verão, quando dormíamos lá em cima, envolvidos pela escuridão como se fosse uma luva que nos protegia da brisa resfriada pelo vazio do deserto. Eu adorava ficar de costas, olhando para as estrelas, tantas e tão distantes, estendendo-se até o infinito como um tapete cintilante. Foi assim que comecei a sonhar em me tornar astronauta, porque no espaço é possível flutuar, de forma que suas pernas não têm importância.

O engraçado é que não dá pra chorar no espaço. Por causa da ausência de gravidade, se você chorar como na Terra, as lágrimas não vão escorrer pelo rosto, mas vão se juntar nos seus olhos e formar uma bola líquida e se espalhar como um tumor estranho, por isso tome cuidado.

2
Os muros de Alepo

Alepo, Síria 2003-2008

As pessoas sempre olharam para mim de um jeito diferente. Minhas irmãs são muito bonitas, principalmente Nasrine, com seu longo cabelo castanho-avermelhado e sua pele lisinha com algumas sardas. Mas eu, bem, eu pareço mais árabe, meus dentes da frente são grandes, como os do Pateta, meus olhos se desviam e eu fico meio vesga, e meus óculos estão sempre caindo do meu nariz. E isso não é tudo.

Talvez pelo fato de que Ayee já fosse um pouco mais velha ao engravidar de mim - 44 anos –, nasci quarenta dias mais tarde que o normal, o mesmo tempo que os cristãos dizem que seu profeta, Jesus, jejuou no deserto antes de sua crucificação. Meu cérebro não recebeu oxigênio suficiente e algo aconteceu com a parte do equilíbrio, que não envia os sinais apropriados para as minhas pernas, de forma que elas têm vida própria. Elas chutam quando estou falando, meus tornozelos viram para dentro, os dedos dos pés viram para baixo, os calcanhares apontam para cima e eu não consigo andar. É como se eu estivesse fadada a ficar sempre nas pontas dos pés. Além disso, as palmas e meus dedos das mãos ficam convexos, e não côncavos, se eu não me concentrar. Basicamente, minhas extremidades são como aqueles peixinhos da sorte chineses que se enrolam e depois ninguém consegue desenrolar.

Como eu não andava como as outras crianças, meu pais me levaram a um médico e ele disse que faltava uma conexão no meu cérebro e que ela se formaria por volta dos cinco anos; então eu conseguiria andar, desde que eles me dessem muita proteína e cálcio. Minha mãe me fez comer muitos ovos e tomar muitas injeções de vitamina, mas minhas pernas ainda não funcionavam. Fomos a muitos médicos. Meu irmão Shiar telefonou da Alemanha para dar o nome de um especialista em Alepo. Esse médico me colocou em uma máquina que parecia um caixão de plástico para fazer uma ressonância magnética. Depois ele disse que eu tinha uma coisa chamada deficiência de equilíbrio, que era uma espécie de paralisia cerebral. Eu não entendia essas palavras, mas percebi que Ayee e Yaba ficaram assustados. O médico disse que eu precisaria de cirurgia e de fisioterapia.

Além disso, como Manbij era um lugar areento, e talvez por causa também dos gatos e cachorros vadios, desenvolvi uma asma tão forte que costumava chiar até o rosto ficar azul. Por isso, quando eu tinha quatro anos nós nos mudamos para Alepo, onde eu poderia ter assistência médica e meus irmãos, Nahda e Bland, poderiam ir para a universidade. Nahda era tão inteligente que ficou em primeiro lugar entre todos os estudantes em Manbij e foi a primeira moça da nossa família a ir para a universidade. Ela estudou Direito, e eu ficava imaginando que ela se tornaria uma advogada famosa.

Alepo é uma cidade histórica, a maior da Síria; alguns dizem que é a mais antiga do mundo, tendo sido habitada desde o século IX a.C. Você pode conseguir qualquer coisa em Alepo. Vivíamos em um bairro curdo no noroeste da cidade chamado Sheikh Maqsoud; era um lugar alto de onde podíamos ver toda a cidade, com seus edifícios de pedra clara que adquiriam um brilho rosa-amendoado com o sol do fim da tarde. No centro, em cima de um morro, ficava a Cidadela de Alepo, um grande palácio fortificado que vigia a cidade há milhares de anos.

Nossa nova casa era um apartamento no quinto andar da rua George al-Aswad, nº 19; a rua tinha o nome de um cristão que havia sido o proprietário daquelas terras – cerca de 10% da nossa população era formada por cristãos, e o cemitério deles ficava perto. Eu gostava mais dali do que de Manbij porque não havia gatos e cachorros gemendo e fazendo barulho no teto ou uma árvore escura e assustadora, da qual eu tinha que me proteger embaixo de um cobertor. E era maior, com quatro cômodos, um banheiro e duas varandas de onde se podia ver a vida acontecer. Minha mãe ficou muito mais feliz tendo muitos curdos por perto. E o melhor de tudo, um dos cômodos era uma sala onde assistíamos à TV.

Meus irmãos Shiar e Farhad estavam morando no exterior e meu irmão Mustafa tinha ficado em Manbij, dirigindo uma empresa de perfuração de poços de água, o que era um bom negócio, pois vivíamos em uma época de seca. No início todas as minhas irmãs ficaram conosco em Alepo, mas Jamila, Nahda e Nahra se casaram uma depois da outra (eu chorei todas as vezes!). Depois do casamento de Jamila, quando as pessoas vieram para nossa casa para cumprimentar o noivo e a noiva, fiquei sentada no sofá olhando para nosso primo Mohammed, com quem minha irmã estava se casando. Jamila podia ter um temperamento forte e instável como uma rajada de vento, principalmente se alguém tentasse interferir em sua maneira de cuidar da casa, mas ela havia cuidado de todos nós.

Então ficamos eu, Nasrine e Bland na casa em Alepo. Bland dormia na sala da TV comigo e Ayee – e Mustafa, quando não estava viajando. Nasrine tinha um pequeno quarto só para ela.

O nosso bloco tinha seis andares, mas o último estava condenado, de forma que ninguém vivia acima de nós. Todas as outras pessoas do prédio eram curdas, mas vinham de cidades diferentes. Os vizinhos do nosso andar tinham crianças: quatro meninas, Parwen, Nermin, Hemrin e Tallin, e um menino, Kawa, que era o mais novo. Eu gostava muito deles, mas sempre que brincávamos de algum jogo eu me sentia como o elo mais fraco; eles costumavam fugir de mim, rindo enquanto eu tentava me arrastar atrás deles com meu jeito estranho que lembrava um coelho. Eu realmente parecia um por causa dos meus dentes e do meu jeito de rastejar e pular como esse animal. Dois andares abaixo havia uma família que tinha uma tartaruga, que eles traziam para cima. Eu adorava ficar com a tartaruga no colo, e ficava sentada quando eles iam embora correndo. Eu não ficava à vontade nem era bem-vinda no mundo das crianças.

A substituta para toda a falta de diversão era a TV. Eu assistia a tudo, principalmente desenhos e DVDs da Disney. Minha família adorava futebol, por isso assistíamos aos jogos todos juntos. Depois, quando eu tinha oito anos e compramos uma antena parabólica, passei a assistir a documentários de História e Ciência. E muito tempo depois, quando compramos um computador, descobri o Google e comecei a reunir todas as informações que podia. Obrigada, Sergey Brin, eu gostaria de conhecê-lo um dia.

Para começar, passei a frequentar um centro de fisioterapia chamado Fraternidade. Parecia uma casa síria tradicional, com um grande pátio com balanços e uma fonte. Não havia elevador, por isso eu tinha que me pendurar no corrimão para subir a escada. Os fisioterapeutas sorriam, mas depois me obrigavam a fazer coisas complicadas, como exercícios de equilíbrio usando bolas de borracha. Eles também tentavam me colocar de pé me amarrando a um aparelho com faixas presas ao redor da minha cintura que desciam pelas minhas pernas. Aquilo podia muito bem ser um aparelho de tortura dos porões de Assad.

Eu deveria ir até a Fraternidade para fazer exercícios duas vezes por semana, mas continuava tendo ataques de asma e ia tantas vezes ao hospital que acabei ficando conhecida dos médicos. Os ataques pareciam ocorrer sempre no meio da noite e às vezes eu tinha tanta dificuldade para respirar e meus pulmões chiavam tanto que Ayee pensava que eu ia morrer. A doce Jamila sempre me confortava. Depois que ela casou e saiu de casa, Bland e Nasrine me acompanhavam. Parecia que qualquer coisa poderia desencadear uma crise. O pior de tudo era a fumaça de cigarro – todos os homens sírios fumam e também algumas mulheres. Ninguém podia fumar em nosso apartamento, mas eu podia sentir a fumaça até mesmo do térreo. Parecia que eu sempre tinha ataques nos feriados – passei quatro festivais do Eid no hospital.

Em meu país quase não existem instalações para pessoas com deficiência, e os ataques de asma aconteciam com tanta frequência que eu não podia ir para a escola. Minha irmã Nahra não tinha notas boas o suficiente para ir para a universidade, por isso, até se casar, ela também ficou em casa. Ela se interessava muito mais por beleza e maquilagem do que minhas outras irmãs, e sempre tínhamos que esperar mais enquanto ela se arrumava; mas ela achava que minha deficiência não podia ser uma desculpa para não aprender. Ela não apenas me ensinou as regras do futebol como também me ensinou a ler e a escrever em árabe quando eu tinha seis anos, fazendo com que eu reescrevesse a mesma frase até enlouquecer enchendo uma página inteira.

Eu aprendia depressa. Nasrine ia até a escola local para pedir livros didáticos e eu conseguia completar todo o livro em algumas semanas. Depois que aprendi a ler, os livros, a TV e a varanda onde eu ficava sentada eram meu mundo. Dali, entre as plantas, eu podia ver o telhado das outras casas, com as roupas lavadas balançando, antenas parabólicas e caixas-d'água. Mais além, minaretes finos como lápis anunciavam as cinco chamadas diárias às orações e à noite eram banhados por uma luz mágica esverdeada. Na maior parte do tempo, porém, eu ficava de olho na rua. Em ambos os lados dela havia blocos de apartamentos como o nosso – os únicos imóveis comerciais eram uma mercearia e uma loja que vendia camisas de futebol. A rua não era muito movimentada; de vez em quando passava uma motocicleta ou um carro buzinando, e todas as manhãs um homem puxando um carrinho anunciava cilindros de gás para cozinhar e aquecer as casas. Acho que ele era cristão, pois seu aparelho de som sempre tocava músicas natalinas.

Em seu carrinho, como em todos os lugares, havia fotos do ditador Bashar al-Assad. Os líderes nessa parte do mundo cultivam o culto à personalidade. Tudo levava o nome de Assad. Assad, Assad, Assad – Lago Assad, Academia Assad e até mesmo Clube de Escrita Assad. Cartazes com fotos variadas de Assad surgiam na rua quase toda semana, algumas mostrando o estadista sério em encontros com diferentes chefes de estado; outras o mostravam como uma figura paterna, sorrindo e acenando ou andando de bicicleta com um de seus filhos na garupa, exibindo slogans otimistas que diziam *Kullna ma'ak*, ou "Estamos com vocês". As pessoas diziam que os olhos dele eram retocados para parecerem mais azuis. Sinto que fui enganada por tudo isso.

Também havia fotos de seu falecido pai, Hafez Assad, que iniciou o domínio da família no governo em 1970. Hafez nasceu pobre, em uma família com onze filhos, mas na época em que meu pai prestou serviço militar ele havia chegado ao comando da força aérea, e depois governou o país por décadas após a tomada do poder por meio de um golpe de estado. Como nós, os Assad eram minoria – eles vinham do clã alauíta –, mas eram xiitas, enquanto a maioria dos sírios é sunita, como nós. Talvez por isso fossem inseguros e governassem o país como um estado policial, com quinze agências de inteligência, e, se as pessoas protestassem, eram presas ou assassinadas. Hafez sobreviveu a várias tentativas de assassinato e acabou morrendo devido a um ataque cardíaco em 2000, um ano depois que eu nasci.

O plano original previa que Hafez seria substituído por seu temerário filho mais velho, Basil, oficial do exército e campeão de hipismo. Mas Basil gostava de carros velozes e morreu em um acidente em 1994, quando bateu sua Mercedes em alta velocidade na estrada para o aeroporto de Damasco. Por isso o tímido Bashar, o segundo filho, aquele que todos chamavam de filhinho da mamãe, acabou assumindo o posto. No início as pessoas ficaram felizes com isso. Ao contrário de seu pai, que teve treinamento na União Soviética, quando era piloto da força aérea síria, Bashar havia estudado na Inglaterra – estava fazendo pós-graduação em oftalmologia no Western Eye Hospital, em Londres – e sua esposa, Asma, havia nascido na Grã-Bretanha (seu pai trabalha como cardiologista em Londres). Estávamos orgulhosos por ter um presidente jovem e bem-apessoado, com uma bela esposa que viajara pelo mundo e que até conhecia a rainha da Inglaterra, e achávamos que eles teriam a mente aberta e mudariam as coisas. E no início foi o que aconteceu – ele libertou centenas de prisioneiros políticos, permitiu que intelectuais fizessem reuniões políticas e autorizou o lançamento do primeiro jornal independente em décadas. Ele também reduziu a idade para a aposentadoria no exército com o intuito de se livrar da velha-guarda de seu pai. Esse período foi chamado de Primavera de Damasco.

Infelizmente, dois anos depois tudo havia voltado a ser como era antes. Talvez por causa daquela velha-guarda, que não gostava de mudanças. O povo voltou a viver com medo da Mukhabarat, nossa polícia secreta, e as pessoas nunca diziam o que pensavam, pois não sabiam quem estaria vendo ou ouvindo.

Meu ditado favorito diz "Ria enquanto respirar, ame enquanto viver". Eu não vejo por que alguém iria querer chafurdar no sofrimento quando existe um mundo tão bonito lá fora. Esse é um dos princípios de Nujeen. O outro é que eu não acredito que ninguém nasce ruim, nem mesmo Assad. O problema é que ele cresceu como um menino mimado que herdaria o reino de seu pai. Era como se fôssemos propriedade da família Assad, e eles nunca abririam mão de nós. Nunca falávamos a respeito de Assad, nem mesmo em casa, entre nós. Sabíamos que eles tinham agentes por toda parte. As paredes têm ouvidos, nós dizíamos, então não fale.

Eu também vivia observando e sabia quando os homens chegavam a casa depois do trabalho no fim da tarde porque o doce aroma do tabaco que saía do narguilé começava a penetrar traiçoeiramente em meus pulmões. Às vezes, quando eu via sombras se movimentando pela rua e surpreendia silhuetas desaparecendo por vielas sinuosas, sentia vontade de sair perambulando pelas ruas. Qual seria a sensação de me perder em uma teia de ruas estreitas?

Alepo era uma cidade que recebia muitos turistas, e todos diziam que era muito bonita, com sua cidadela medieval, a grande mesquita e o mercado coberto mais antigo do mundo, vendendo mercadorias trazidas pela Rota da Seda, como especiarias da Índia, sedas da China e tapetes da Pérsia. Nosso apartamento era alto, de forma que, se alguém me ajudasse a ficar em pé, eu podia ver a cidadela iluminada à noite, no centro de um morro. Como eu gostaria de ir até lá e vê-la de perto. Eu implorava para que minha mãe me levasse, mas ela não podia por causa das escadas.

Tudo o que eu via era nosso quarto e as partes da casa por onde eu conseguia me arrastar com meus pulos de coelho. Minha família tentava me levar para fora, mas era muito cansativo porque não havia elevador; eu tinha que ser carregada para baixo pelos cinco lances de escada; depois, as ruas eram tão esburacadas que até mesmo uma pessoa normal tinha dificuldade para caminhar. O único lugar para onde eu podia ir era a casa do meu tio, porque ficava perto e o prédio tinha elevador. Por isso fui aos poucos perdendo o interesse em sair. Quando isso acontecia, depois de cinco minutos queria voltar, por isso acho que posso dizer que eu mesma acabei me trancando em casa.

Às vezes eu via Yaba olhando para mim com uma expressão de tristeza. Ele nunca me repreendeu, nem mesmo quando inundei o banheiro brincando de jogar polo aquático, e trazia tudo – ou mandava meus irmãos trazerem – tudo o que eu quisesse, fosse o frango frito de um restaurante no meio da noite, fosse o bolo de coco e chocolate que eu adorava. Eu me esforçava para parecer feliz. Ele nunca me deixava fazer nada sozinha. Nasrine ficava irritada. Se eu estivesse com sede e pedisse alguma coisa para beber, meu pai insistia para que ela pegasse mesmo que a garrafa estivesse na mesa perto de mim. Um dia ela disse chorando: "Agora estamos todos aqui. Mas o que Nuj vai fazer quando estivermos todos mortos?".

Uma das piores coisas de ser deficiente é que não dá para sair e ir chorar em algum lugar sozinho. Você não tem privacidade. Às vezes você pode estar simplesmente de mau humor, querendo chorar e colocar para fora toda a energia negativa, mas eu não conseguia fazer isso porque não podia ir para lugar algum. Eu sempre precisava da ajuda de alguém. Eu tentava evitar que as pessoas ficassem olhando para o meu jeito de andar. Quando eu conhecia uma pessoa nova, minha mãe contava novamente toda a história do meu nascimento e dizia o quanto eu era inteligente, como se dissesse: "Veja bem, ela não pode andar, mas não é mentalmente deficiente". Eu ficava em silêncio, olhando para a TV.

A televisão se transformou em escola e amiga; eu passava todo o tempo entre adultos, como os meus tios, que moravam ali perto. Nunca brinquei com brinquedos. Quando parentes vinham nos visitar, às vezes traziam bonecas ou bichinhos, mas eles ficavam em uma prateleira. Mustafa diz que eu nasci com cabeça de adulto. Quando eu tentava fazer amizade com alguém da minha idade não dava certo. Shiar, meu irmão mais velho, tem uma filha que é um ano e meio mais nova do que eu, Rawan, e ela veio nos visitar várias vezes com a mãe. Eu realmente queria ser amiga dela, por isso era capaz de fazer qualquer coisa, até jogar o jogo mais chato do mundo ou deixar que ela me usasse como modelo para os penteados mais malucos. Mas assim que chegasse alguém que pudesse andar eu era deixada de lado. Um dia, quando ela estava com cinco e eu com sete anos, perguntei a ela por que não brincava comigo. "Porque você não pode andar", ela respondeu. Às vezes eu sentia que era apenas um número da população mundial.

3
A garota na TV

Alepo, 2008-2010

Além de fatos, eu gosto de datas. Por exemplo, 19 de abril de 1770 foi o dia em que o capitão James Cook descobriu a Austrália, e 4 de setembro de 1998 é a data de fundação do Google. A data de que menos gosto é 16 de março. É um dia triste na história dos curdos; nesse dia, em 1988, já perto do final da Guerra Irã-Iraque, cerca de vinte jatos de combate de Saddam Hussein lançaram uma mistura mortal de gás mostarda e agentes químicos sobre os curdos na cidade de Halabja, no norte do Iraque. A cidade havia sido tomada pelos iranianos, que se uniram aos curdos locais, e Saddam queria puni-los. Chamamos esse dia de Sexta-feira Sangrenta. Milhares de homens, mulheres e crianças morreram – até hoje não sabemos exatamente quantos, mas talvez 5 mil – e outros milhares ficaram com sequelas na pele e dificuldade para respirar. Depois, muitos bebês nasceram com deformidades.

Todos os anos nesse dia o canal de TV curdo toca canções tristes lembrando Halabja e apresenta um filme antigo, o que me deixa muito triste. É terrível ver aquelas nuvens de fumaça branca, preta e amarela subindo em forma de colunas sobre a cidade após o bombardeio e as pessoas correndo e gesticulando, puxando as crianças ou carregando-as nos ombros, e os corpos se amontoando. Assisti a um filme em que as pessoas diziam que o gás tinha um cheiro doce de maçã e depois disso não consegui mais comer maçã. Odeio esse dia – gostaria de poder apagá-lo do calendário. Saddam foi um ditador ainda pior do que Assad. Mesmo assim o Ocidente apoiou Saddam durante anos, inclusive dando-lhe armas. Às vezes parece que ninguém gosta dos curdos. Nossa lista de sofrimentos é interminável.

Março na verdade é a melhor e a pior época para os curdos porque é o mês do nosso festival anual, o Newroz, que marca o início da primavera; compartilhamos esse festival com os persas. Nós também celebramos o dia em que o tirano maligno Zuhak foi derrotado pelo ferreiro Kawa.

Nos dias que antecediam o Newroz, o apartamento era tomado por aromas celestiais vindos da cozinha; Ayee e minhas irmãs preparavam dolmades, folhas de videira com recheio de tomate, berinjela, abobrinha e cebola, e batatas recheadas com carne picadinha apimentada (além da batata que sempre ficava vazia para dar sorte a quem a pegasse). Era a época do ano em que eu saía de casa. Alguns dias antes do Newroz, nós e todos os nossos vizinhos enfeitávamos as varandas com luzes coloridas – vermelhas, verdes, brancas e amarelas – lembrando as cores da bandeira nacional do Curdistão. No dia do festival, nos vestíamos com roupas típicas e saíamos em um micro-ônibus.

É claro que o regime não gostava disso e nesse dia colocava muitos policiais na rua. Eles só permitiam a realização do festival porque sabiam quanto os curdos eram teimosos e receavam possíveis tumultos. Ainda assim era preciso ter uma autorização oficial, que não era fácil de conseguir, e não podíamos realizar as festividades nas ruas locais. Em vez disso, tínhamos que ir até uma espécie de terreno baldio, um lugar chamado Haql al-rmy, na periferia de Alepo, onde o exército costumava praticar tiro e que significa literalmente "campo de tiro". Era um lugar ermo e rochoso, por isso levávamos muitos tapetes para sentar e espalhar o que havíamos preparado para o nosso piquenique.

Sinceramente, às vezes eu desejava que o festival fosse banido de uma vez porque eu detestava ter que ir até lá. Em primeiro lugar, porque era uma tortura descer aqueles cinco andares pela escada. Depois, o lugar era muito barulhento, cheio de gente, e era muito desconfortável ficar sentada naquele chão duro. Eu não conseguia ver as danças folclóricas ou a marcha com as canções nacionais. E tínhamos de tomar cuidado com o que dizíamos porque entre os convivas havia vendedores de balões, sorvete e algodão-doce, e as pessoas achavam que eles eram espiões da inteligência de Assad. Na verdade, éramos sempre muito cuidadosos. À noite, as pessoas dançavam em torno de uma fogueira e soltavam fogos.

Então, uma semana depois ocorriam as prisões daqueles que haviam organizado o festival, das pessoas que haviam montado o palco para os músicos e os sistemas de som. Em 2008, a polícia matou a tiros três jovens que celebravam o Newroz em uma cidade curda e houve pedidos para que ele fosse banido. Em vez de entrar em confronto direto com os curdos, o regime anunciou que a partir de então a data seria mudada para o Dia das Mães, e todas as festividades deveriam celebrar isso. Isso mostra como os Assad são astutos.

Esse foi o ano em que não participei do Newroz porque os médicos decidiram tentar alongar meus tendões de Aquiles para que eu pudesse esticar meus pés e colocar os calcanhares no chão, em vez de ficar sempre na ponta dos pés. Acordei no hospital Al Salam com a parte inferior das minhas pernas engessadas. Parecia que meus pés estavam pegando fogo e eu chorei. Sentia falta da minha irmã mais velha, a doce Jamila, que havia se casado no ano anterior e saído de casa. Bland havia terminado os estudos e conseguira um emprego como contador em uma empresa comercial e Nasrine tinha começado a estudar Física na Universidade de Alepo, seguindo os passos de Nahda. Eu estava feliz por eles, mas isso significava que ficaria sozinha o dia inteiro em casa com Ayee e Yaba.

Um dia eu estava sentada no tapete da varanda grande quando Ayee chegou com meu tio Ali, que tinha acabado de visitar parentes na cidade de Homs. "Seu tio quer lhe dar uma coisa", minha mãe falou. Tio Ali me deu uma caixa de lenços de papel e riu com a minha expressão facial. Uma caixa de lenços não é exatamente um presente.

"Olhe dentro", ele disse. Eu olhei e vi entre os lenços uma pequena tartaruga. Homs era famosa por suas tartarugas. Fiquei tão feliz que passei o dia sentada com a caixa no colo. Eu adorava passar o dedo pelo desenho do casco arredondado e observar a cabecinha sair, cinzenta e enrugada como pele de cobra, com seus pequenos olhos pretos. Naquele primeiro dia ela quase não se mexeu e eu fiquei apavorada, imaginando que pudesse ter feito alguma coisa, pois eu tinha a fama de quebrar tudo o que tocava. Nos primeiros dias eu verificava se ela estava bem a cada dois minutos, para ter certeza de que ainda estava viva. Ela ficava na varanda, comia folhas de salada e nós a chamávamos de Sriaa, que em árabe significa rápido, porque ela era muito lenta. Ainda mais lenta do que eu.

A única pessoa que não gostava da tartaruga era Yaba. Ele reclamava que ela era *haram*, ou não muçulmana. Eu achei engraçado. Mas quando chegou o verão fomos todos dormir na varanda e à noite acordamos com xingamentos em voz alta. A tartaruga havia subido no meu pai e ele estava furioso.

No dia seguinte não consegui encontrar Sriaa. Procurei em todos os cantos da varanda e comecei a ficar desconfiada. Por fim, decidi falar com Yaba. "Onde ela está?", eu perguntei. "Eu a vendi. É melhor para ela, Nujeen. É uma crueldade manter animais confinados".

"Não!", eu gritei. "A tartaruga era minha e estava feliz aqui. Como é que o senhor sabe o que vai acontecer com ela?", gritei ainda mais alto.

Eu não podia reclamar, pois ele havia se livrado da tartaruga por motivos religiosos. E depois me senti secretamente aliviada. Eu tinha muito medo de que Sriaa morresse. Se você segurar a tartaruga pela cauda, ela morre. Eu não conseguiria lidar com isso.

Com as outras crianças do prédio na escola e sem tartaruga para olhar, eu não tinha mais nada para fazer além de assistir à TV. Com a antena parabólica, era como se o meu quarto estivesse aberto para um mundo inteiramente novo. National Geographic, The History Channel, Arts & Entertainment... Eu gostava de programas sobre História e vida selvagem – meu animal preferido é o leão, o rei da floresta, e o que me dá mais medo é a piranha, que é capaz de comer um ser humano em noventa segundos.

Eu passava a maior parte do tempo assistindo a documentários. Tudo o que sei a respeito de extraterrestres, do espaço ou de astronautas como Neil Armstrong e Yuri Gagarin aprendi com documentários. Fiquei muito chateada com Gagarin porque ele disse que, ao se tornar o primeiro homem a cruzar a linha de Kármán e entrar no espaço, em 1961, ele não viu qualquer sinal de Deus. Isso é muito duro para nós, muçulmanos. Mas depois vi outro programa que dizia que ele não havia falado exatamente isso. Estamos sempre sendo enganados.

A TV ficava ligada o tempo todo, com sua luz azulada parecendo um aquário iluminado noite e dia; de vez em quando Ayee ou Mustafa gritavam para que eu desligasse para eles poderem dormir. Como eu não ia para a escola, às vezes ficava assistindo até três horas da manhã; depois acordava às oito e meia e começava a assistir de novo. Meu dia preferido era terça-feira porque eles transmitiam uma versão árabe de *Show do milhão*. Eu adorava concursos de perguntas e respostas. Também havia outro programa todos os dias às seis da tarde chamado *Al Darb*, que significa "a trilha", em que as pessoas competiam em equipe. Geralmente eu conseguia responder a todas as perguntas.

A TV não era grande – vinte polegadas – e tinha uma grande rachadura de um lado porque uma vez segurei na mesa da TV para tentar ficar em pé e a televisão caiu em cima de mim. Eu chorei, não porque estivesse machucada, mas por pensar que a TV não iria funcionar mais. De vez em quando Bland ficava zangado comigo. "Nujeen, você se convenceu de que adora ficar em casa e assistir à TV, e que isso é melhor do que sair, mas ninguém gosta de ficar dentro de casa o tempo todo", ele dizia. Eu não ligava. Mas às vezes ficava imaginando o que as pessoas com deficiência faziam. Depois voltava a assistir à TV.

Ayee, Nasrine e eu gostávamos de acompanhar partidas de tênis. O Aberto dos Estados Unidos, da França, da Austrália e o melhor campeonato de todos, Wimbledon, com os árbitros elegantemente vestidos de verde e lilás, e as quadras de grama impecáveis como se fossem tapetes. Aprendi todas as regras rapidamente. Ayee gostava do Andy Murray, enquanto eu gostava do Roger Federer e Nasrine, do Rafael Nadal; já no futebol, eu gostava do Barcelona e Nasrine, do Real Madrid.

Uma ocasião em que assistimos aos jogos todos juntos foi durante a Copa do Mundo de 2010. Minha família adora futebol! Como sempre, todo mundo pendurava uma bandeira da seleção preferida. Eu coloquei uma bandeira da Argentina na varanda por causa do Lionel Messi. Nosso vizinho pendurou uma bandeira da Itália. Mas eu continuava chateada e ainda chorava por causa da minha segunda mãe, Jamila. Os médicos haviam dito que eu iria melhorar quando ficasse mais velha, mas meus pés, que deveriam endireitar, pareciam mais encurvados do que nunca. Meu irmão Farhad, que estava na Inglaterra, acabou descobrindo um famoso cirurgião ortopédico em Alepo. Mas ele era tão requisitado que demoramos vários meses para conseguir uma consulta; chegamos bem cedo para pegar a senha e encontramos pessoas que haviam passado a noite inteira esperando. Pegamos o número 51. Cada paciente tinha cinco minutos e finalmente fomos recebidos no final da tarde.

Quando ele viu meus pés ficou bravo e disse aos meus pais que não deveriam ter permitido que piorassem, que eu deveria estar fazendo exercícios. Ele disse que eu precisaria fazer três cirurgias simultâneas o mais rápido possível e nos mandou para o hospital para fazer exames de sangue, pois ele iria operar no dia seguinte. Ele realizou uma nova cirurgia nos meus tornozelos e outras duas para alongar os ligamentos dos meus joelhos, que tinham ficado muito curtos devido à falta de exercícios. Isso tudo custou à minha família 4 mil dólares, pagos pelo meu irmão Mustafa, e dessa vez minhas pernas inteiras foram engessadas, desde os quadris até os tornozelos; a única coisa que ficou pra fora foram os dedos dos pés, e tive de ficar deitada.

Eu deveria ficar no hospital, mas insisti em voltar para casa depois de uma noite para assistir ao futebol. Eu estava desesperada para que a Argentina ganhasse, senão a Espanha. Mas a dor era tanta que fui gemendo durante todo o caminho no táxi e depois em casa, até que Mustafa e Bland saíram da sala porque não aguentavam mais.

A dor acabou passando, mas fiquei engessada por quarenta dias, o que pareceu uma eternidade. Então Mustafa comprou uma cinta especial para colocar minhas pernas e fortalecer os músculos. Elas pareciam pernas de robô. E eram pura agonia! Eu precisava usá-las dez horas por dia e reclamava muito. Mas depois de uma semana eu me acostumei com elas, e isso significava que pela primeira vez na vida eu poderia ficar em pé, com a ajuda de um andador. Pude ver partes do apartamento às quais normalmente não ia, como a cozinha, e também pude ver a cidadela da varanda sem precisar de ajuda. Ayee diz que parecia que eu era uma recém-nascida.

Mais ou menos nessa época comecei a assistir a uma telenovela americana chamada *Days of our Lives* ["Dias das nossas vidas"]. Contava a história de duas famílias rivais, os Horton e os Brady, que viviam em uma cidade fictícia de Illinois, e uma família mafiosa, os DiMera, com suas rixas e triângulos amorosos. Eles tinham casas muito bonitas, enormes, com muitas roupas e eletrodomésticos, e cada criança tinha seu próprio quarto. Um dos homens era médico em um hospital impecável e reluzente, completamente diferente do Al Salam, onde eu estivera. A vida deles era muito diferente da nossa. No começo eu não entendia o que estava acontecendo e a história parecia estranha, com personagens voltando dos mortos, mas depois de um tempo peguei tudo. Eu assistia com Ayee, e Nasrine ficava doida. "Que graça vocês veem nisso?", ela perguntava.

Nós tínhamos nossa própria novela doméstica. Meus pais estavam desesperados porque Mustafa continuava solteiro. Como segundo filho, ele deveria ter se casado depois que Shiar se casara, em 1999; primeiro ele disse que esperaria por Jamila, mas depois que ela se casou ele disse que precisava se dedicar ao trabalho, pois era o principal provedor da família. Ele já estava com 35 anos, o que em nossa cultura é uma idade muito avançada para continuar solteiro. Nós temos um sistema de casamentos arranjados – em vez de uniões por amor, que, pelo que pude ver em *Days of our Lives*, não era um sistema muito bom. Minha mãe vivia se encontrando com noivas em potencial da nossa tribo, mas Mustafa ria e não levava o assunto adiante. Não importava se ele estava ou não no apartamento – parecia que todo mundo só sabia falar disso. Sempre que alguém puxava o assunto, eu gritava "De novo, não!" e tampava os ouvidos.

4
Dias de Fúria

Alepo, 2011

Era o dia 25 de janeiro de 2011, pouco depois do meu 12º aniversário, e eu estava assistindo a *Days of our Lives*, preocupada com a possibilidade de ser uma psicopata porque meus personagens favoritos pareciam ser sempre os malvados, quando Bland chegou correndo do trabalho e pegou o controle remoto. Olhei pra ele, espantada. Todo mundo sabia que eu controlava a TV.

Bland normalmente é tão calmo e tranquilo que muitas vezes sinto que ele tem um lado que ninguém conhece; mas dessa vez ele parecia estar girando como aqueles redemoinhos de poeira que costumávamos ver no deserto. Ele não só pegou o controle remoto como mudou para o canal da Al Jazeera. Toda a minha família sabe que não gosto de noticiários: as notícias são sempre ruins – Afeganistão, Iraque, Líbano, uma guerra atrás da outra nos países muçulmanos praticamente desde que nasci.

"Aconteceu uma coisa!", ele disse. Na tela, podíamos ver milhares de pessoas se reunindo na praça principal do Cairo, acenando com bandeiras e exigindo a saída do presidente Hosni Mubarak. Fiquei assustada. Os ditadores mandam atirar contra as pessoas. Nós sabíamos disso. Eu não queria assistir. Comecei a sacudir a cabeça.

"Eu estava assistindo ao meu programa", reclamei. Uma das coisas que chamo de "vantagens da deficiência" é que meus irmãos e irmãs sabiam que não podiam me contrariar. Mesmo quando eu atirava as coisas de Nasrine pela janela, como sua caneta azul ou o CD com músicas curdas que ela costumava ouvir o tempo todo.

Como eu previa, não demoraram a surgir as balas de borracha, o gás lacrimogêneo e os canhões de água para dispersar os manifestantes. Dei um pulo de susto ao ouvir o ruído surdo das balas. Depois disso Bland me deixou mudar de canal. Mas os protestos continuaram. Mustafa, Bland e Nasrine não falavam de outra coisa e sempre que eu saía da sala eles mudavam para o noticiário. Desisti de tentar resistir e em pouco tempo também já estava grudada na Al Jazeera vendo a multidão cada vez maior na praça Tahrir. Muitos dos manifestantes eram jovens como Bland e Nasrine e haviam pintado o rosto com as cores da bandeira egípcia ou usavam bandanas vermelhas, brancas e pretas na cabeça.

Um dia, vimos – com o coração na boca – uma coluna de tanques avançar pela praça como monstros. Dezenas de manifestantes bloquearam o caminho corajosamente e eu mal conseguia assistir. Então aconteceu uma coisa impressionante. Em vez de abrir fogo, os tanques pararam. A multidão começou a cantar e as pessoas subiram em cima dos tanques e pintaram "Fora, Mubarak" nas laterais; dava pra ver que elas estavam conversando com os soldados.

Alguns dias depois, eu estava com Bland e Nasrine sentada no sofá vendo a multidão que apoiava Mubarak forçando a entrada na praça como se fossem demônios montados em cavalos e camelos.

Eles foram rechaçados pelos manifestantes, que atiraram pedras e arrancaram placas do piso da praça para usar como escudos. Os tanques formaram uma linha entre os dois grupos e era difícil ver o que estava acontecendo, pois havia muita poeira e coisas pegando fogo. Até que os defensores de Mubarak foram expulsos e os defensores da democracia levantaram barricadas com sinalizadores de trânsito, pedaços de cercas metálicas e carros queimados para impedir que eles voltassem.

Como terminaria aquilo tudo, nós nos perguntávamos. Os manifestantes armaram uma espécie de tenda gigantesca na praça, com um hospital de campo para tratar seus feridos, espaços onde havia distribuição de água e comida e até mesmo locais para fazer barba e cortar o cabelo. Parecia um festival, um pouco como o nosso Newroz. Pude ver crianças da minha idade pisoteando fotos de Mubarak. Os jornalistas que reportavam do local também pareciam animados. Até deram um nome para o que estava acontecendo. Primavera Árabe, eles diziam. Para nós, lembrava um pouco a nossa Primavera de Damasco, que não terminou nada bem.

A ocupação continuou por dezoito dias. Então, por volta das 18h do dia 11 de fevereiro, acordei de um cochilo com Nahda e Nasrine voltando do casamento do meu tio. Ligamos a TV e lá estava o vice-presidente do Egito anunciando: "O presidente Hosni Mubarak decidiu renunciar". Logo chegou a notícia de que os Mubarak haviam fugido em um helicóptero do exército para o exílio em um hotel de luxo do mar Vermelho, o Sharm El-Sheikh. Tinha acabado, ele se fora depois de três décadas. Fiquei feliz pelos egípcios. Eles soltaram fogos de artifício, os soldados desceram dos tanques e abraçaram os manifestantes, as pessoas cantaram. Era assim tão fácil? Se eu dormisse de novo à tarde, ao acordar descobriria que Gaddafi tinha deixado a Líbia? Ou que Assad partira?

E não foi só no Egito. Na época não percebemos tudo o que estava acontecendo, mas a Primavera Árabe na verdade havia começado no mês de dezembro na Tunísia, quando um pobre vendedor de frutas de 26 anos de idade chamado Mohamed Bouazizi despejou querosene sobre o corpo e ateou fogo em si mesmo diante da sede do governo local. Foi algo chocante para os muçulmanos, pois o nosso sagrado Alcorão proíbe o uso do fogo em todas as criações de Alá; ele devia estar totalmente desesperado. Nós não sabíamos se ele iria para o céu ou para o inferno. A família disse que ele estava cansado da perseguição de fiscais e que ficou desesperado quando as autoridades confiscaram seu carrinho de frutas, do qual ele tirava seu sustento. Quando ele morreu por causa das queimaduras, em janeiro, ocorreram protestos no centro de Túnis e dez dias depois o presidente Zine al-Abidine Ben Ali fugiu com a família para a Arábia Saudita depois de 23 anos no poder.

A partir de então a TV passou a mostrar insurreições em vários lugares diferentes: Iêmen, Bahrein, Jordânia, Líbia, Argélia, Marrocos e até mesmo em Omã. Em todos esses países ocorreram protestos contra os governantes – parecia uma epidemia varrendo o norte da África e o Oriente Médio. É claro que nós sabíamos dos quarenta anos dos Assad, mas não havíamos nos dado conta de que todos esses ditadores estavam há muito tempo no poder. As pessoas se reuniam após as orações às sextas-feiras e invadiam as ruas para depois se juntarem em uma praça. Dias de Fúria, eles diziam.

Quando seria a vez da Síria? Como esses outros países, nossa população era formada principalmente por jovens e desempregados, e nossos direitos haviam sido aniquilados por um ditador e pela elite rica. Mesmo fechada em meu quarto no quinto andar do prédio, eu podia sentir que o país inteiro parecia estar segurando a respiração. Nasrine dizia que na universidade não se falava de outra coisa. Meus irmãos voltavam para casa relatando incidentes estranhos – um curdo da cidade de al-Hasakah, no nordeste do país, havia ateado fogo ao próprio corpo; algumas demonstrações aqui e ali; até mesmo um protesto em Damasco após a polícia ter investido contra um comerciante de um dos mercados. Mas nada parecia desencadear algo maior.

Quando finalmente ocorreu o estopim foi em um lugar dos mais improváveis – a pequena cidade agrícola de Deraa, no sudoeste, perto da fronteira com a Jordânia, conhecida como um dos bastiões do apoio ao regime, que há muito tempo enviava seus filhos para os altos cargos do governo. Nos últimos anos, eles haviam produzido um primeiro-ministro, um ministro do exterior e um chefe do partido do governo, o Baath.

O catalisador foi a prisão, no final de fevereiro, de um grupo de adolescentes que havia pichado os muros da escola com palavras contra o governo. *Al-Shaab yureed eskat el nizam!* – O povo quer derrubar o regime! –, eles escreveram como a multidão havia gritado no Cairo. "Fora, Bashar!", dizia outra pichação. Uma terceira estava sendo escrita: "Você é o próximo, doutor", quando as forças de segurança pegaram os pichadores.

Alguns dias depois mais dez adolescentes foram capturados, totalizando quinze jovens levados para a Direção de Segurança Pública local – eu disse que temos várias polícias secretas –, que estava sob o controle do general Atef Najeeb, primo do presidente, de quem todo mundo morria de medo.

Desde a época do pai de Assad e da Guerra dos Seis Dias, em 1967, quando Israel tomou nossas colinas de Golã, nossa polícia e os serviços de segurança têm poder absoluto para prender e manter preso qualquer um indefinidamente, sem julgamento, desde o mar da Galileia, no sul, até o monte Hérmon, no norte. Eles usam a desculpa de que estamos em estado de guerra permanente com "a entidade sionista", que é como chamamos Israel, apesar de não termos conseguido recuperar as terras quando lutamos com eles novamente, em 1973. As prisões de Assad são conhecidas pela prática de torturas.

As pessoas dizem que a morte é melhor do que as prisões sírias, mas não entendo como é que alguém poderia saber se isso é verdade.

Em pouco tempo começaram a surgir notícias de que os rapazes estavam apanhando e sofrendo torturas, as especialidades de Assad, como unhas arrancadas e choques elétricos nas partes íntimas. Os pais, desesperados, procuraram as autoridades e ouviram do general Najeeb: "Esqueçam seus filhos, façam outros". Dá pra imaginar uma coisa dessas? A juventude de todo o país tentou organizar um Dia de Fúria em apoio aos rapazes. Eu vi Nasrine e Bland diante de uma página do Facebook chamada "A Revolução Síria contra Bashar al-Assad 2011", mas ela foi tirada do ar rapidamente. Tínhamos medo só de olhar para uma página dessas.

Deraa é uma área muito tribal, e os rapazes presos eram dos maiores clãs. Como muitos agricultores que conhecíamos, o povo dessa região travava uma luta contra a seca severa que já durava quatro anos e não conseguia competir com os produtos baratos importados da Turquia e da China. Em vez de ajudá-los, o governo havia cortado os subsídios. Eles também estavam irritados com a maneira como o general Najeeb administrava a área, como se fosse seu feudo.

Por isso, no dia 18 de março, após as orações da sexta-feira, quando as famílias dos rapazes presos marcharam até a casa do governador de Deraa e montaram um acampamento para exigir que fossem libertados, elas foram acompanhadas por líderes religiosos e representantes da comunidade. A polícia usou canhões de água e gás lacrimogêneo para tentar dispersá-los, depois vieram policiais armados e abriram fogo. Quatro pessoas foram mortas. Ao verem o sangue, todo mundo entrou em pânico. As ambulâncias não conseguiam passar por causa das forças de segurança, por isso os manifestantes tiveram que carregar os feridos para a antiga mesquita da Cidade Velha, que foi transformada em um hospital improvisado.

Dois dias depois os manifestantes colocaram fogo na sede local do partido Baath e em outros prédios do governo. O presidente

Assad enviou uma delegação oficial para oferecer condolências aos parentes dos mortos, destituiu o governador e transferiu o general Najeeb.

Era tarde demais. Havia chegado a nossa vez. Nossa revolução havia começado.

Previsivelmente (os ditadores são tão pouco criativos), a primeira reação de Assad foi enviar tanques para Deraa para reprimir os manifestantes. Talvez pelo fato de nosso exército ser formado principalmente por alauitas como os Assad, eles não recuaram, como haviam feito os egípcios. Em vez disso, atacaram a mesquita, que havia se transformado em uma espécie de quartel-general dos manifestantes, e avançaram com tal brutalidade que deixaram as paredes antigas cobertas de sangue. Os funerais das pessoas mortas se transformaram então em grandes comícios, que por sua vez foram bombardeados, o que resultou em mais mortes, levando a mais funerais, que atraíam mais gente.

O governo então emitiu um decreto determinando corte nos impostos e aumento dos salários do Estado, o que só irritou ainda mais as pessoas. No funeral do dia seguinte, dezenas de milhares de pessoas se reuniram, gritando: "Não queremos seu pão, queremos dignidade!". Então, no final de março, Assad fez um discurso no parlamento denunciando os manifestantes como "extremistas sectários" e "terroristas estrangeiros". "Tais conspirações não funcionam com nosso povo ou nosso país", ele esbravejou. "Vamos dizer a eles que têm uma escolha apenas, que é aprender com seu fracasso."

Nós, os sírios, ficamos chocados com esse discurso. "Ele está nos tratando como traidores!", Bland falou, indignado. Deraa foi cercada, mas começaram a surgir comícios contrários ao governo a cada semana em outras cidades; os detalhes eram compartilhados no Facebook e no YouTube. Durante os meses de abril e maio houve protestos em Homs, Hama, Damasco, Raqqa – estendendo-se desde Lataquia, na costa mediterrânea, às áreas rurais do norte do país, próximas à fronteira com a Turquia e à província oriental de Deir ez-Zor, de onde vem nosso petróleo.

Cada manifestação era recebida com uma demonstração de força, pois o governo acreditava que poderia simplesmente esmagar os protestos. Centenas de pessoas foram mortas. Mas as manifestações não pararam. Por todo o país, as pessoas gritavam: "Com nossas almas, com nosso sangue, nos sacrificamos por ti, Deraa!".

Em pouco tempo ninguém mais falava de outra coisa. Até mesmo a recusa de Mustafa em se casar foi esquecida. Havia eletricidade no ar, quase se podia ouvir os estalidos. Revolução! Era como os programas de História a que eu assistia. Estávamos animados com a ideia de que iríamos nos livrar dos Assad. De repente as pessoas passaram a falar tudo o que era impensável até então. Uma coisa linda. Fizeram canções contra Assad. Eu amaldiçoei Assad, às vezes em voz alta.

Nós começamos a acreditar que finalmente teríamos nosso Curdistão sírio, ou Rojava, como dizemos. Havia faixas nas ruas com frases como: "Democracia para a Síria. Federalismo para o Curdistão Sírio". Mas Yaba dizia que não estávamos entendendo. As pessoas mais velhas como ele sabiam que o regime era perigoso, pois haviam testemunhado os acontecimentos da década de 1980 em Hama, quando Hafez al-Assad e seu irmão Rifat reprimiriam os protestos da Irmandade Muçulmana bombardeando a cidade e massacrando 10 mil pessoas. Eles sabiam do que os Assad eram capazes de fazer.

O regime parecia cego e surdo diante das exigências do povo. Em vez de propor mudanças reais, Assad anunciou algumas coisas novas para tentar acalmar diferentes setores da população. Legalizou o uso do nicabe[1] pelas professoras, que havia sido banido no ano anterior. Para tentar impedir que os curdos participassem dos protestos,

1 Véu que cobre o rosto inteiro, deixando apenas os olhos descobertos, e usado por mulheres muçulmanas. (N. E.)

Assad emitiu um decreto presidencial conferindo cidadania a cerca de 300 mil curdos que haviam se tornado apátridas na década de 1960. Pela primeira vez na história, seu porta-voz apareceu na TV estatal para desejar aos curdos um feliz Newroz e tocar uma canção curda.

Não foi suficiente – o que as pessoas queriam era menos corrupção e mais liberdade. Os gritos por reforma transformaram-se em gritos pela saída de Assad. Manifestantes arrancaram e queimaram os novos cartazes de Bashar – usando jeans, ajoelhado para plantar uma árvore – e até derrubaram estátuas de seu falecido pai, cujo nome mal ousávamos sussurrar.

A maior parte desses acontecimentos nós acompanhamos pela Al Jazeera ou pelo YouTube – é evidente que a TV síria não mostrava nada disso. Nossa melhor fonte de informação era Mustafa, porque ele tinha começado a trazer caminhões do Líbano, de forma que estava sempre cruzando o país e vendo coisas. Como Yaba, ele disse que nosso regime era mais duro do que os outros. Mas, quando ele viu como o primeiro protesto em Deraa havia se espalhado até Homs e Hama, mudou de ideia.

Ele nos contou que em Hama havia tantas pessoas reunidas que a praça central parecia ocupada por um verdadeiro mar de gente. Hama era a cidade em que ocorrera o massacre de 1982, por isso muitos dos manifestantes eram órfãos. Eles tomaram as ruas depois das orações da sexta-feira e, como sempre, houve retaliação do regime. Três caminhões do exército com armas poderosas abriram fogo, matando setenta pessoas. Os homens que estavam na linha de frente dos manifestantes gritaram "Paz!", enquanto caíam. A matança inflamou a cidade, e a praça foi totalmente ocupada.

"É isso", Mustafa falou. "Na terceira semana estará tudo acabado."

Ele estava na cidade curda de Derik, no sudeste da Turquia, perto da fronteira, quando comemoravam o aniversário de Abdul Hamid

Haji Darwish, chefe do Partido Democrata Curdo da Síria, e todos começaram a discutir qual deveria ser o posicionamento dos curdos em relação à revolução. Todos os curdos achavam que o regime estava acabado e a discussão seria sobre como garantir nosso próprio estado ou pelo menos alguma autonomia, como os curdos no norte do Iraque. Eles tinham enviado alguém a Bagdá para encontrar Jalal Talabani, presidente do Iraque, que também era curdo, e pedir sua opinião. Ele disse que o regime de Assad não cairia. Isso não era o que queriam ouvir, por isso disseram: "Talabani está velho!".

Acontece que ele estava certo – ele sabia o que estava acontecendo.

A Síria era diferente do Egito e da Tunísia. Assad aprendeu com seu pai, que reprimiu brutalmente a revolta de Hama, e antes disso com os franceses. Em 1925, quando estávamos sob o domínio da França, muçulmanos, cristãos e drusos se reuniram no que chamamos de A Grande Revolta. Os franceses reagiram com um bombardeio tão pesado que destruíram completamente um bairro inteiro da Cidade Antiga de Damasco. Essa área hoje é conhecida como al-Hariqa, que significa "conflagração". Eles mataram milhares de pessoas e realizaram execuções públicas na praça Marja como um aviso. Depois de esmagarem a revolta, continuamos sob o domínio francês por mais duas décadas, até 1946.

Talvez por não nos lembrarmos dessa história, nós, os jovens, estávamos certos de que era preciso haver mudança. Quando soubemos que Assad iria fazer outro pronunciamento em junho de 2011, imaginamos que ele finalmente anunciaria alguma grande reforma. Em vez disso, ele adotou novamente um discurso duro, denunciando o que chamava de conspiração contra a Síria e acusando os "sabotadores" apoiados por forças estrangeiras e "extremistas religiosos", que segundo ele haviam se aproveitado da agitação. Disse que não era possível fazer reformas enquanto continuasse o caos. Ficou claro que ele, ou talvez sua família, não tinha qualquer intenção de abrir mão do poder. Como eu disse, eles acreditavam ser nossos donos.

Depois disso começou a se formar uma resistência organizada. Centenas de grupos rebeldes se reuniram no que chamaram de Exército Livre da Síria, ou ELS, e começaram a se preparar para a guerra. A maioria era composta de jovens inexperientes, sem treinamento, mas alguns eram membros descontentes do próprio exército de Assad. Havia até rumores de que alguns oficiais graduados haviam desertado para integrar o ELS. Os curdos não faziam parte do ELS porque tínhamos nossas próprias milícias, as Unidades de Proteção Popular, ou YPG.

Assad simplesmente intensificou a ação militar. Grande parte do seu poder de fogo nesses primeiros dias foi treinada em Homs, de onde viera a minha tartaruga e que foi um dos primeiros lugares a se sublevar. Homs é a nossa terceira maior cidade, e lá viviam sunitas, xiitas, alauitas e cristãos lado a lado, como em Alepo. As pessoas não desistiram, especialmente no velho bairro de Babr al-Amr, apesar de as forças de Assad estarem pulverizando o lugar. Em pouco tempo a cidade ficou conhecida como a capital da revolução. Nós pensávamos que, ao ver toda aquela matança, as potências ocidentais iriam intervir, como fizeram na Líbia, onde criaram uma zona de exclusão aérea para impedir que o coronel Gaddafi usasse sua força aérea contra os manifestantes; desde abril elas vinham fazendo ataques aéreos contra pontos estratégicos do regime, como o complexo de Gaddafi, em Trípoli, e assim ajudando os rebeldes. Em agosto os rebeldes tomaram Trípoli e assumiram o controle. Em outubro Gaddafi estava morto, pego como um rato num buraco; seu corpo ficou exposto em uma câmara fria como ele havia feito com seus adversários. Mas a nossa oposição estava dividida, e parecia que o Ocidente não sabia como reagir. Os estrangeiros deixaram o país, e as embaixadas foram fechadas. No final de 2011, boa parte da Síria havia se transformado em campo de batalha entre a resistência e os militares. Mustafa disse que isso estava provocando um grande caos, o que era bom para o negócio dele, pois não precisava pagar as tarifas alfandegárias; então o ELS começou a montar postos de controle, como o regime fazia antes. Yaba ficava preocupado com ele, por isso ele não nos contava muita coisa.

O engraçado é que para nós tudo isso parecia muito distante. E não apenas para mim, no quinto andar da rua George al-Aswad, nº 19, mas também para Bland e minhas irmãs. Apesar de ser a maior cidade, Alepo não participou da revolução. Talvez por ser o centro comercial e industrial da Síria, onde vivia muita gente rica, havia muitas pessoas leais ao regime, preocupadas com os efeitos da instabilidade em seus negócios. Ali também viviam muitas minorias: cristãos, turcomanos, armênios, assírios, judeus, circassianos, gregos e, é claro, curdos; todos se sentiam inseguros em relação à oposição, formada principalmente por árabes sunitas que, diziam, recebiam ajuda da Arábia Saudita e do Qatar. Era meio estranho, como se fossem dois mundos paralelos. Havia uma revolução, com pessoas morrendo diariamente e Homs sendo destruída, mas em Alepo as pessoas iam ao cinema, faziam piqueniques ou construíam prédios como se nada tivesse mudado. Não fazia sentido.

De qualquer forma, uma coisa boa aconteceu. Mais ou menos nessa época eu parei de ter ataques de asma.

5
Uma cidade dividida

ALEPO, 2012

As pessoas dizem que a história é escrita pelos vencedores, mas tem uma coisa que não entendo. Por que sempre exaltamos os caras maus? Apesar de eles fazerem coisas horríveis, dizemos que são carismáticos ou brilhantes líderes militares. Quando eu estava aprendendo a ler e a escrever, minha irmã Nahra me fez escrever várias vezes frases em árabe e uma delas dizia: "Alexandre é um grande herói". Depois eu descobri que ele era egoísta, um garoto mimado, e me senti enganada.

Odeio o fato de que não sabia nada a respeito das pessoas boas, mas tudo a respeito das pessoas ruins. Eu realmente não sei nada a respeito da vida de Gandhi ou de Nelson Mandela. Eu nunca tinha ouvido falar de Mandela até a Copa do Mundo na África do Sul – então, por que sei tanta coisa a respeito de Stálin e de Hitler?

Sei, por exemplo, que Hitler nasceu no dia 20 de abril de 1889; o nome de seu pai era Alois e o de sua mãe, Klara; ela morreu de câncer de mama, e isso o afetou profundamente. Ele tentou ser artista, mas foi rejeitado duas vezes pela Academia de Viena de Belas Artes; ele achava que a maioria dos membros do comitê de seleção eram judeus – o Holocausto meio que começou por isso. E ele se apaixonou por sua sobrinha Geli, que se matou quando ele a deixou; depois se apaixonou por Eva Braun, que se suicidou com ele em um *bunker* em Berlim.

Stálin matou cerca de 6 milhões de pessoas em seus *gulags* e outros milhões durante o Grande Expurgo. O regime de Hitler também foi sanguinário – 11 milhões de pessoas foram mortas e 17 milhões se tornaram refugiadas. Mas só sei falar a respeito de Hitler ou de Stálin, não sei nada a respeito de suas vítimas. Será que daqui a cinquenta anos acontecerá o mesmo com relação a Assad? As pessoas se lembrarão dele e não das pessoas boas da Síria? Seremos apenas números, eu, Nasrine e Bland, e todos os outros, enquanto esse tirano ficará gravado na história? É um pensamento assustador.

Quando a revolução finalmente chegou a Alepo, na primavera de 2012, foi como se todo mundo tivesse acordado de repente de um sonho. Como aquele momento da manhã em que a luz penetra no apartamento e ilumina toda a poeira e as teias de aranha.

Nasrine ficou feliz porque os primeiros a protestar foram os estudantes da universidade. No dia 3 de maio ela saiu para sua aula de Física e deparou-se com uma grande manifestação exigindo a saída de Assad. Nasrine e seus amigos se juntaram aos manifestantes e ficaram muito animados por participarem do primeiro protesto de suas vidas, falando coisas que nunca puderam falar antes. De repente, eles ouviram um estrondo e então Nasrine sentiu os olhos ardendo, cheios de lágrimas. Ela saiu correndo. Todo mundo tinha muito medo porque sabíamos que tipo de regime era o nosso – se alguém fosse preso, certamente morreria, e provavelmente a família inteira.

Naquela noite Nasrine recebeu uma mensagem de um amigo que morava na faculdade, e ele dizia que as forças de segurança tinham invadido os dormitórios. Usando megafones, diziam que todo mundo deveria sair e depois jogavam gás lacrimogêneo e disparavam balas de borracha para dispersá-los. Alguns dos estudantes decidiram protestar e se recusaram a sair; as forças de segurança atiraram e mataram quatro estudantes. Mais tarde, alguém publicou no Facebook as imagens de um estudante morto, com a camisa cheia de sangue, e do dormitório em chamas.

É claro que os estudantes ficaram revoltados; quando uma delegação de observadores das Nações Unidas veio de Damasco para ver o que havia acontecido, ocorreram protestos ainda maiores, reunindo talvez 10 mil estudantes, e eles transmitiram tudo ao vivo pela internet para que todos pudessem ver. No dia seguinte, após as orações da sexta-feira, eles tomaram as ruas de novo, segurando cartazes com as fotos dos mortos e os dizeres "Heróis da Universidade de Alepo". O grito de "Fora, Assad!" se intensificou, e também o de "O povo quer derrubar o regime", slogan usado no Egito.

Yaba havia dito a Nasrine para não ir. "Você acha que alguns estudantes vão conseguir derrubar o regime?", ele perguntou. "Eles vão é passar por cima de vocês." Mas eu sabia que ela iria. Ela voltou silenciosamente e não foi mais. Sei que minha família era bastante seletiva com relação ao que me contavam, pois eles achavam que eu não conseguiria lidar com muitas coisas, mas depois eu descobri que muita gente foi espancada e forçada a beijar cartazes com fotos de Assad. Nasrine viu um estudante do segundo ano de Arquitetura, chamado Ibrahim, ser levado pelas forças de segurança; ele foi torturado até a morte com choques elétricos. O rapaz era de Hama. Muitos dos estudantes que participaram das manifestações eram de Hama e haviam perdido os pais no massacre de 1982.

Além disso, no seu departamento havia um garoto tão inteligente que todos o chamavam de Pitágoras. Esse rapaz desapareceu e, quando reapareceu, estava coberto de ataduras; até seu rosto parecia ter um formato diferente. As autoridades apagaram seu histórico escolar e ele teve de repetir um ano.

Mas os protestos não pararam. Moças e rapazes que até então só se preocupavam com música, roupas, estudos e amigos agora se viam tentando derrubar um ditador. A universidade se dividiu, com metade dos professores apoiando a revolução e a outra metade apoiando o regime. O chefe da universidade protegeu os estudantes que protestavam, por isso uma semana depois foi substituído por outro que apoiava o regime. No final, todos os professores da oposição foram sendo dispensados. Os estudantes também se dividiram. Garotas e rapazes que haviam sido amigos agora denunciavam uns aos outros. A classe de Nasrine, que tinha dezesseis alunos, se dividiu em dois lados, enquanto os curdos tinham seu próprio lado, pois não podiam confiar em ninguém.

Além de participar das demonstrações, alguns estudantes também trabalhavam como voluntários, levando mantimentos para os manifestantes e fornecendo informações para as mídias sociais. Foram montados ambulatórios improvisados para cuidar dos manifestantes porque, se eles fossem para os hospitais do governo, poderiam ser presos e assassinados. Era muito arriscado. Em junho, apareceu um carro incendiado em Neirab, na periferia de Alepo, com três corpos mutilados e carbonizados no interior. Um deles tinha uma perfuração de bala, estava com as mãos amarradas nas costas e seus braços e pernas tinham sido quebrados. Descobriu-se então que os corpos eram de estudantes – Basel, Mus'ab e Hazem; dois estudavam Medicina e o outro estudava Inglês. Eles prestavam socorro a manifestantes feridos e haviam sido levados pelas forças de inteligência da Força Aérea uma semana antes.

Apesar de a minha família não me contar as coisas, uma vez eu vi imagens de um rapaz que havia sido decapitado, o corpo estava estendido na rua, o pescoço ensanguentado, sem cabeça. Quando o vento soprava na direção certa eu gostava de ficar ouvindo o som dos protestos, entoando repetidamente como a batida de um tambor. Ayee e Yaba ficavam muito tensos quando Bland e Nasrine não estavam em casa.

Os principais protestos ocorriam no leste da cidade. O lado oeste estava sob controle severo do governo. Nas ruas de Sheikh Maqsoud começaram a aparecer figuras assustadoras. Eram o que chamávamos de shabiha, ou fantasmas, grupos de homens armados e pagos pelo regime, que atuavam como forças paramilitares para impedir que as pessoas participassem dos protestos; tínhamos a sensação de que estávamos sendo observados em toda parte.

Nós admirávamos os revolucionários e, como eles, queríamos mudanças; não queríamos ser governados pela mesma família por mais de quarenta anos, mas acima de tudo queríamos continuar vivos. Mustafa disse que a revolução era interessante para as pessoas que tinham entre 17 e 21 anos, mas não para os mais velhos, como ele, que trabalhavam para sustentar suas famílias. Ele também nos contou que algumas pessoas de Kobani haviam recebido dinheiro para participar das manifestações. Nasrine tinha uma canção pró-revolução no celular e, lembrando o que ele havia dito a Yaba sobre quem cuidaria de mim depois que eles morressem, fiquei imaginando que talvez meus irmãos tivessem participado mais caso não precisassem se preocupar comigo. Às vezes, quando penso naquela época, gostaria de ser mais velha e capaz de fazer diferença. Tudo o que eu podia fazer era ouvir as canções de protesto. Eu nem sequer rasguei um cartaz com a foto de Assad!

Como já havíamos visto em outros lugares na Síria, após a revolução vem a guerra. Assad intensificou as ações militares e, no início do ano, concentrou forças na cidade central de Homs, como se quisesse fazer dela um exemplo, com suas forças despejando morteiros e fogos de artilharia sobre as fortalezas rebeldes; os bombardeios reduziram a pó edifícios centenários junto com as pessoas que estavam em seu interior. Morreram crianças, jornalistas estrangeiros; a cidade permaneceu cercada, as famílias que não fugiram ficaram sem acesso a alimentos, água ou remédios.

Apesar de o regime ter conseguido expulsar os rebeldes, muitos outros sírios ficaram revoltados com o modo como isso foi feito. Assim como os estudantes de Alepo, as pessoas sentiram que não poderiam mais continuar caladas. Em vez de se deixar intimidar, mais cidades se juntaram à luta.

Mustafa disse que Assad estava perdendo partes da Síria enquanto se concentrava em manter Damasco, Homs e as duas províncias costeiras do Mediterrâneo, e que os rebeldes estavam tomando boa parte do interior do país. Eles também haviam capturado pontos de travessia da fronteira com a Turquia e o Iraque. Mas a um custo muito alto. Calcula-se que tenham morrido 10 mil pessoas. Mustafa também disse que as pessoas estavam comprando libra em ouro (soberano) porque tinham medo de que a moeda síria acabasse perdendo completamente seu valor.

Yaba ficava mexendo as contas do cordão e dizendo que as coisas só iriam piorar. Enquanto as linhas de frente endureciam e chegavam a um impasse, os rebeldes conseguiam obter armas mais eficazes, algumas apreendidas em bases militares sírias e outras contrabandeadas da Turquia, Jordânia e Líbano, financiadas pelo Qatar e pela Arábia Saudita, enquanto Assad era apoiado pela Rússia, pela China e pelo Irã. Era evidente que o resto do mundo não conseguiria detê-lo.

Nossa guerra começou durante o Ramadã – o mês de jejum, quando todo mundo fica irritadiço – em meio ao calor e à poeira de julho de 2012. Aconteceu meio que repentinamente. Praticamente de um dia para o outro, os rebeldes vieram do interior e invadiram Alepo. Tiveram alguma vantagem inicial, assumindo o controle de distritos no nordeste, no sul e no oeste em poucos dias. Nosso bairro, Sheikh Maqsoud, ficou sob o controle da milícia curda, a YPG. Mas a ofensiva não foi decisiva, e a cidade ficou dividida. Os rebeldes controlavam o lado leste, e as forças do regime, o lado oeste da cidade, sendo que algumas partes mudavam de mãos diariamente. Os combates logo chegaram aos portões da Cidade Antiga.

Nós estávamos apavorados. Com o ELS dentro da cidade, o regime enviaria seus tanques. Além disso, as pessoas também se sentiam meio inseguras com relação ao ELS, pois todos os tipos de grupos, incluindo gangues de criminosos, haviam se juntado a ele. Meus irmãos Shiar e Farhad, que da Europa acompanhavam o que estava acontecendo pelo YouTube e pelo Facebook, não paravam de ligar para dizer aos meus pais: "Saiam de Alepo, deixem essa cidade miserável, é perigoso!".

Nas ruas que os rebeldes não haviam tomado, os shabiha espalhavam o terror. Geralmente as pessoas fugiam quando eles apareciam, e a ideia era exatamente essa. Alguns dos nossos vizinhos contavam histórias de mulheres que haviam sido violentadas por eles; falavam baixinho para que eu não escutasse. Eu me preocupava com Nasrine. A universidade ficava em uma área controlada pelo governo, mas havia se transformado em uma espécie de centro de protestos contra o governo e muitas pessoas procuravam refúgio ali. Ficou impossível para Nasrine frequentar as aulas porque para chegar lá ela precisava cruzar a linha de frente. Então ela ficava em casa.

Como os combates prosseguiam, ficamos com medo de que Bland fosse convocado. De todos os meus irmãos, somente Mustafa havia cumprido o serviço militar. Shiar e Farhad haviam buscado asilo no exterior, enquanto Bland havia conseguido a dispensa por causa da universidade. Com a guerra, as tropas terrestres de Assad foram se mostrando reduzidas, incapazes de combater em tantas frentes de luta. Por isso eles estavam trazendo combatentes de seu antigo aliado, o Hezbollah, e intensificando o recrutamento. Somente aqueles que tinham ótimas relações e muito dinheiro conseguiam escapar. Na TV Síria, os soldados eram mostrados como heróis, mas nós todos sabíamos que integrar o exército de Assad significava matar mulheres e crianças. Nós rezávamos para não nos tornarmos suas vítimas.

O barulho era incessante. Eu cobria os ouvidos e aumentava o volume da TV, mas nada era capaz de abafar o zumbido dos helicópteros que passavam em direção às áreas ocupadas por rebeldes, seguido pelo rá-tá-tá-tá do tiroteio.

Às vezes eu estava sozinha em casa quando os disparos começavam; meus familiares estavam trabalhando, estudando ou fazendo compras. No quinto andar da rua George al-Aswad, nº 19, eu assistia a *Days of our Lives* e tentava não pensar no que aconteceria se caísse uma bomba e o piso desabasse embaixo de mim. De que me serviria tudo o que eu sabia? Eu tinha tantas coisas para fazer, tanto o que aprender, não queria morrer. Mesmo sendo muçulmana e acreditando no destino, eu não queria partir antes de fazer tudo isso.

Assad não podia perder Alepo, por isso havia recorrido aos helicópteros e jatos, que ouvíamos passar zumbindo por cima das nossas cabeças como abelhas transportando sua carga letal. Como haviam feito em Homs, a ideia parecia ser arrasar o distrito rebelde com fogo de artilharia ou bombas, bloquear as ruínas e forçar os rebeldes a se renderem. No começo as bombas eram jogadas bem longe, mas depois começaram a cair em um bairro próximo de nós, chamado Bustan al-Basha, que estava sob o controle do ELS. A YPG não havia deixado o ELS entrar, mas todo mundo estava dizendo que eles logo chegariam a Sheikh Maqsoud e o regime começaria a nos bombardear também.

Será que os pássaros sentem a aproximação dos bombardeios? Parecia que sim. Os pássaros paravam de cantar, sentia-se uma calmaria no ar, como se o tempo tivesse parado, e então ressurgia o zumbido dos aviões. Uma vez assisti a um documentário que dizia que as abelhas podiam ser treinadas para farejar explosivos. Não é estranho?

Quando os ataques começavam, todo mundo corria para os abrigos no porão, mas é claro que eu não conseguia. Minha família não me deixaria sozinha, por isso ficávamos todos sentados ali no quinto andar; o prédio balançava e as janelas tremiam, enquanto nós tentávamos fingir que não estávamos com medo. Eu costumava chorar, mas podia fazer isso porque era a mais nova e era deficiente.

Quando terminava, meus irmãos iam até a varanda, de onde podiam ver as colunas de fumaça escura provocadas pelo bombardeio. Eu fui ver apenas uma vez. Foi uma sensação horrível, saber que naqueles lugares as pessoas deviam estar mortas, famílias como a nossa estavam enterradas debaixo do concreto. Uma sensação misturada com o alívio por não sermos nós. Isso era errado? Eu torcia para que Sriaa, a minha tartaruga, estivesse sendo protegida por quem quer que tivesse ficado com ela.

Pouco tempo depois começamos a ouvir outro tipo de barulho – gente martelando. As pessoas estavam começando a deixar o prédio e, antes de sair, pregavam placas de metal sobre as portas, pois estavam preocupadas com saqueadores. Aqueles que tinham dinheiro e passaportes iam de avião, outros pegavam a estrada para Damasco, ou para o interior; outros deixavam o país e iam para o Líbano, onde muitos tinham parentes e havia campos para aqueles que não tinham.

Todos os dias ficávamos sabendo de conhecidos que tinham ido embora. Shiar e Farhad continuavam ligando, insistindo para que meus pais fugissem, mas Yaba tinha medo de que as estradas estivessem bloqueadas. De todos nós, meu pai foi o mais afetado pelos bombardeios. Mas ele dizia que seu maior medo não eram os bombardeios aéreos, mas os tanques do exército que achava que logo chegariam à cidade.

Meus pais finalmente concordaram em ir embora. O plano era voltar para a Colina dos Estrangeiros na horrorosa Manbij, que havia sido libertada pelo ELS no dia 20 de julho – foi a primeira grande cidade a ficar sob o controle dos rebeldes. Eu me lembro desse dia, da minha mãe dizendo que passaríamos o Eid al-Fitr em nossa velha casa em Manbij, porque era o Ramadã, e depois voltaríamos, mas tive a sensação de que ela falou aquilo apenas porque precisava me dizer alguma coisa e que na verdade jamais voltaríamos para Alepo. Mas que escolha nós tínhamos? Os bombardeios ficaram tão intensos que não conseguimos dormir nas últimas três noites que antecederam nossa partida e achávamos que realmente poderíamos morrer.

Eu não gostava dos bombardeios, mas não queria voltar para Manbij por causa dos gatos e cachorros. Em nossa última refeição em Alepo comemos pizza. Por causa do Ramadã, só podíamos comer depois do pôr do sol – chamamos essa refeição que quebra o jejum diário de iftar. Eu não jejuava – mais uma das vantagens concedidas aos deficientes –, mas o resto da família, sim. Comi pizza de cogumelos, a minha preferida. Enquanto estávamos comendo, minha irmã Jamila telefonou para avisar: "Um helicóptero acaba de bombardear Manbij. Talvez não seja o melhor lugar para ir neste momento". Fiquei feliz ao saber disso, pois imaginei que meus pais mudariam de ideia e eu não teria que ir para aquele lugar horrível, mas eles não desistiram.

Saímos na sexta-feira, 27 de julho de 2012, oitavo dia do Ramadã, com o regime bombardeando o bairro vizinho. Naquele dia eu não sabia que jamais veria minha casa de novo. A última coisa que fiz foi assistir ao canal de esportes na TV, depois penteei o cabelo. Nós não colocamos uma placa de metal sobre a nossa porta. Ayee simplesmente regou as plantas, deixou as janelas abertas e trancou a porta. Eu não olhei para trás.

Depois, desejei ter deixado alguma marca que alguém poderia encontrar nos próximos anos, como uma lista dos meus dez gênios favoritos (em primeiro lugar, Leonardo da Vinci), assim as pessoas saberiam que ali viveu uma garota que não podia andar, mas que sabia muita coisa.

Mustafa arrumou um micro-ônibus para levar Bland, Nasrine, meus pais e eu. Não havia muito espaço e estávamos fingindo que era apenas temporário, por isso levamos apenas algumas roupas, o laptop, algumas fotos e documentos importantes, e, é claro, a TV. Enquanto nos afastávamos da cidade vimos prédios reduzidos a escombros, como se tivessem desmoronado. As estradas estavam ocupadas por centenas de pessoas. Parecia que toda a cidade de Alepo estava apavorada, fugindo para o interior, deixando a comida na mesa, literalmente.

Tivemos que passar por vários pontos de controle; primeiro os do regime, nos limites da cidade, depois os dos rebeldes. Nos do regime, segurei a respiração, preocupada com Bland, com medo de que descobrissem que ele não havia prestado o serviço militar e o levassem. Por causa dos pontos de controle e pela quantidade de veículos, a viagem de noventa quilômetros demorou três horas, em vez da costumeira uma hora e meia. Mas nós saímos no momento certo. Meu tio e minha tia, que saíram um dia depois, levaram sete horas e meia.

Não sabíamos como estaria Manbij sob o controle do ELS. Era uma espécie de experiência para a Síria. À medida que nos aproximamos da cidade, vimos algumas faixas proclamando liberdade e também um homem usando uma camiseta com o rosto de Che Guevara. Fora isso, tudo continuava basicamente igual.

Nossa casa parecia a mesma, e eu não fiquei nada feliz com a perspectiva de voltar a encontrar a família malvada de gatos brancos com manchas alaranjadas e a árvore assustadora. A gangue dos gatos havia se multiplicado; o maior deles tinha uma espécie de tumor no pescoço e parecia ainda mais assustador. Era verão e fazia um calor terrível dentro da casa, por isso dormimos no telhado. Chorei muito naquela primeira noite e rezei para Deus. Pedi a ele que acabasse com a guerra para podermos voltar para casa. A única coisa boa foi poder ver as estrelas novamente. As estrelas e a beleza do silêncio. Nem mesmo Assad poderia estragar isso.

À medida que a lua do Ramadã ficava maior, era possível ver pedaços mais claros e mais escuros, seus mares e montanhas. Eu me lembrei de todos os documentários que havia assistido sobre o espaço e os astronautas. "Fico pensando no que Neil Armstrong teria visto e sentido lá em cima na lua", eu disse para Ayee. "É melhor dormir", ela resmungou. Foi difícil dormir porque eu estava sendo atacada por pernilongos, que deviam achar que a minha pele era a mais doce. Que bom que alguém gosta de mim! Na manhã seguinte estava com o corpo coberto pelas marcas das mordidas e não conseguia parar de me coçar enquanto assistia à abertura da Olimpíada de Londres na TV. Estava superempolgada para ver a rainha. Eles gravaram um vídeo em que ela encontrava James Bond. Eu ficaria muito nervosa se encontrasse a rainha.

Eu continuava zangada por estar em Manbij. Mas na verdade nós tivemos sorte. Uma semana após a nossa partida o regime começou a usar bombas de barril em Alepo. Essas bombas são barris de verdade, cheios de estilhaços ou substâncias químicas, atiradas de helicópteros, que explodem e causam lesões terríveis por vários quarteirões. Boa parte dos combates ocorreu no entorno da Cidade Antiga. Depois de centenas de anos de paz e turismo, a cidadela havia sido transformada novamente em fortaleza ativa pelas forças do regime. Eles usaram os muros medievais como barreiras e as aberturas por onde antigamente eram atiradas flechas serviram para a colocação das armas de atiradores.

O mercado coberto foi transformado em linha de frente. Minhas irmãs adoravam ir até lá e costumavam me falar dos corredores mágicos nos quais era possível comprar qualquer coisa, de sabonete a sedas maravilhosas, tomar chá ou descansar nos banhos, e ouvir histórias no caravançarai. Uma vez eu dei a Nasrine todo o dinheiro que havia conseguido economizar com o que havia ganhado em aniversários e festivais e ela me comprou uma corrente de ouro que se tornou a coisa mais preciosa que eu tinha. Agora aquele lugar havia se transformado no local onde atiradores disparavam seus rifles, e as cápsulas se espalhavam por toda parte. Em setembro vimos pela TV que haviam colocado fogo no antigo mercado. Centenas de anos de história foram incinerados.

No final de 2012 parecia que a batalha de Alepo não teria fim. Tratava-se de uma guerra em grande escala, com Assad e o Hezbollah de um lado e do outro todos os tipos de grupos rebeldes, incluindo gangues de criminosos e o Jabhat Fateh al-Sham (também conhecido como Frente al-Nusra), que é o ramo da al-Qaeda na Síria. Cada bairro se transformou em um feudo controlado por um grupo rebelde. O regime estava destruindo distritos inteiros enquanto a oposição cortava praticamente todas as rotas de suprimentos para a cidade.

Era melhor estar na parte ocidental, controlada pelo regime. Ouvimos falar de amigos e parentes que ainda estavam no leste da cidade que estavam arrancando galhos e cascas das árvores dos parques porque não tinham gás para cozinhar. Para conseguir alimentos, precisavam ficar em longas filas, que às vezes eram bombardeadas; muita gente vasculhava as latas de lixo à procura do que comer, como nos países pobres da África.

Muitos começaram a acreditar que o Dia do Julgamento Final estava próximo, como avisara o nosso Profeta.

6
A nossa própria guerra

Manbij, verão de 2012

Eu estava assistindo a um programa sobre o bombardeio de Dresden e Ayee começou a ficar aborrecida. "Por que você fica assistindo a esses filmes de guerra antigos?", ela perguntou. "Estamos vivendo a nossa própria guerra."

"Um dia, daqui a cinquenta ou cem anos, todo vão ler a respeito da nossa guerra", eu respondi.

Eu gostava de aprender coisas a respeito da Primeira e da Segunda Guerras Mundiais. Eu não conseguia acreditar que Gavrilo Princip, que disparou os tiros que mataram o arquiduque Francisco Fernando, provocando a Primeira Guerra Mundial, era um estudante sérvio de apenas 17 anos. Obrigada, Gavrilo, por arruinar o mundo!

Então acabou a luz. Isso foi muito chato, pois estava quase na hora do *Masterchef*, a versão americana, que tinha ficado muito empolgante, pois um dos concorrentes era uma garota cega do Vietnã chamada Christine Ha, e eu queria que ela vencesse. Como é que ela conseguia cozinhar daquele jeito sendo cega? Isso me fez pensar que as pessoas precisam estar no lugar certo na hora certa para brilhar. Como Lionel Messi, que era um menino pequeno, de quem todo mundo zombava por causa de um problema com os hormônios do crescimento, e agora é o melhor jogador do mundo. Eu não tinha muita certeza de que estava no lugar certo.

Talvez, se estivesse em outro lugar, eu poderia ser como aquele garoto americano de 15 anos que descobriu um jeito de detectar o câncer pancreático depois de perder um amigo por causa dessa doença. Eu quero ser útil – sentir que você não está fazendo nada é terrível. Mas eu realmente acredito que cada pessoa está neste mundo por um motivo. Eu só não encontrei o meu.

Desde o começo da guerra sempre havia cortes de energia. Manbij nem era tão ruim como outros lugares, pois estávamos perto da hidrelétrica. Mas havia racionamento e em alguns dias faltava luz, em outros faltava água. Nós nos acostumamos a encher tudo com água quando tínhamos. À noite, as ruas ficavam completamente escuras por falta de iluminação. As casas ficavam cheias de velas e tochas. Quando não havia luz nem TV, não havia nada a fazer, a não ser escutar a guerra. Eu podia ouvir tudo, o trum-trum-trum dos helicópteros e depois o rá-tá-tá-tá dos disparos.

"Por que nós viemos para cá?", eu reclamava quase todos os dias. Tínhamos deixado Alepo para fugir da guerra, mas ela havia chegado a Manbij, pois o regime estava tentando expulsar o ELS com bombardeios constantes. Uma escola perto de nós era usada como quartel-general do ELS, de forma que a área era muito bombardeada. Para mim, o que havíamos feito não fazia sentido algum. A silhueta dos jatos atravessando o céu me lembrava dos bombardeiros da Segunda Guerra Mundial que eu via nos filmes antigos da TV; eles atacavam da mesma maneira, com os pilotos mergulhando antes de alcançar os alvos, despejando as bombas antes de subirem novamente. Depois, não se via nada desses ataques na TV estatal síria.

Na primeira semana após o nosso retorno, um vizinho idiota pegou o rifle e ficou em cima do telhado tentando acertar os aviões. "O senhor está louco?", minha mãe gritou. "Se eles virem sua arma vão pensar que o ELS está aqui e vão matar todos nós." Ela sabia meter medo.

Nós nos tornamos especialistas em armas. Pelo barulho sabíamos a diferença entre os caças MiG-21, MiG-23 e os helicópteros de combate, e entre as bombas, bombas de fragmentação e mísseis. Bland sempre saía de casa ou ia até o telhado para ver e Yaba gritava para que ele voltasse para dentro.

Um dia, os bombardeios começaram por volta do meio-dia. Nasrine tinha saído para visitar Jamila. Eu estava assistindo a um documentário fascinante, chamado *Getting to the Moon*, e quando ouvi o barulho dos helicópteros não pude acreditar. Era como se Assad estivesse querendo me provocar. Eu queria continuar assistindo, mas o barulho foi ficando cada vez mais alto. Era um bombardeio com mísseis. Toda vez que um deles atingia o alvo, a casa tremia. Eu e Ayee nos escondemos no banheiro, onde o teto era mais forte, com uma camada de cimento sobre o telhado de barro. Nosso outro esconderijo ficava embaixo do degrau de concreto na frente da casa, mas para mim era difícil entrar ali.

Ficamos nesse banheiro por quatro horas. Se era para alguém morrer, queria que fosse eu. Cada um dos membros da minha família tinha uma utilidade, mas eu não conseguia ver nada de útil em mim. O Ramadã e o Eid acabaram e nós não voltamos para Alepo como haviam prometido. "Vocês me engaram!", eu gritava para Ayee. "Nós nunca mais vamos voltar."

Outra noite, Yaba estava rezando; eu e Ayee estávamos sentadas sem fazer nada porque não tínhamos luz. As janelas estavam todas abertas pois não podíamos ligar o ventilador. De repente um avião bombardeou a rua atrás da nossa casa. Tudo balançou e pedaços de cimento e barro se soltaram das paredes; portas e janelas ficaram arrebentadas.

"Bombas de fragmentação", Ayee falou. Fiquei tão assustada, que deitei no chão de costas com a boca aberta; parecia que eu estava morta. Ela se deitou ao meu lado e me abraçou. Então outro avião começou a sobrevoar a área, indo e voltando. Eu não aguentei e comecei a gritar: "Vá embora! Vá embora!". O celular de Ayee começou a tocar. Nasrine estava vendo tudo do telhado de Jamila e percebeu que as bombas estavam caindo ao lado da nossa casa. Ela estava apavorada.

Finalmente os aviões foram embora. Quando a luz voltou, liguei a TV e assisti a uma série dramática turca chamada *Samar* enquanto Ayee pegava uma vassoura para limpar os vidros e os escombros.

No dia seguinte descobrimos que eles haviam bombardeado um funeral na rua de trás, matando cinco pessoas e ferindo dezenas. A explosão foi tão forte que a perna de uma mulher foi parar em cima de uma árvore. Nossos vizinhos disseram que um espião local tinha avisado o regime que havia pessoas importantes. Eles não eram importantes – eram apenas pessoas comuns, como nós, tentando viver a vida. Agora aquele funeral havia se transformado em mais cinco.

Depois de um tempo ficamos tão acostumados com os bombardeios que um dia me vi pensando que não lembrava mais como era um dia normal. Ao contrário de Nasrine e de Bland, que corriam para o telhado, eu não queria assistir aos bombardeios porque sabia que aquilo deixaria uma marca na minha psique. Eu tinha assistido a programas de Psicologia e não queria me transformar em sociopata ou *serial killer*. Meus irmãos não pareciam se preocupar com essas coisas.

Nasrine até tentou continuar os estudos e insistiu em voltar para a universidade no início de 2013 para apresentar um trabalho de Física. Nós ficamos muito preocupados porque a universidade tinha sido bombardeada no primeiro dia das provas, em janeiro. Ela fez a oração dos viajantes na noite anterior e demorou dezessete horas para chegar lá, pois precisou fazer uma volta imensa para evitar as linhas de frente dos combates. O motorista do micro-ônibus era um voluntário que havia se informado sobre os lugares que deveria evitar; quando eles chegaram à rua Tariq al-Bab, em Alepo, pelo leste, tiveram de ir para o sul e depois para o oeste para contornar a Cidade Antiga, onde ocorriam os principais combates. Mesmo assim ela inda precisou cruzar uma das linhas de frente, passando primeiro por um ponto de controle do ELS e depois por outro do regime, com uma rua repleta de atiradores no meio. Ao passar, ela viu quatro corpos no chão, que ninguém podia recolher por causa dos atiradores, e por isso eles estavam sendo devorados por cães. Depois disso ela nunca mais falou em voltar para Alepo. E também nunca ficou sabendo a nota do trabalho.

Ninguém sabia quem estava no comando de Manbij. No centro da cidade havia um prédio chamado Serai, onde ficavam as cortes e os gabinetes do prefeito e da polícia. Esses oficiais do regime e da polícia tinham ido embora ou desertado e se juntado aos rebeldes; agora havia um Conselho Revolucionário formado por engenheiros, clérigos, um farmacêutico, um ex-oficial de inteligência, um advogado, um fabricante de azulejos e um poeta que tinha passado quinze anos na cadeia.

Algumas coisas eram boas. As lojas continuavam abertas, até os mercados de ouro, e dois jornais independentes começaram a ser publicados; um deles se chamava *Ruas da liberdade*. Estava cheio de notícias contra Assad e tinha uma tirinha cômica que o chamava de Beesho, ou seja, “bebê Bashar”. Nunca tínhamos visto uma coisa assim.

Mas não era bom ver todos aqueles militantes armados andando pela cidade. Bland disse que havia quarenta e sete brigadas diferentes. A principal era chefiada por um comandante que chamava a si mesmo de Príncipe e andava pela cidade em uma picape Toyota Hilux branca cheia de homens armados. Ele era um homem atarracado, tinha um pescoço grosso; antes da guerra era um bandido sem importância, mas tornou-se poderoso em meio ao caos revolucionário sequestrando gente rica e depois usando o dinheiro que arrancava delas para comprar carros e armas para seus seguidores. Mustafa nos contou que ele havia abordado o dono de um posto de gasolina, que costumava esconder combustível e roubara 20 milhões de liras turcas do homem.

Todas as brigadas pintavam seus nomes nas laterais das picapes, mas depois camuflavam os veículos cobrindo-os de lama para não serem bombardeados pelos jatos do regime. Às vezes elas lutavam entre si; um dia houve uma grande luta armada entre duas tribos depois que os homens de uma sequestraram pessoas da outra. À noite, as pessoas formavam grupos para proteger seus quarteirões.

Evidentemente, o governo de Assad ficou contrariado por ter perdido Manbij e parecia decidido a impedir que os rebeldes ficassem com a cidade; como uma criança que resolve destruir o brinquedo para impedir que outra criança brinque com ele. Por isso eles bombardearam a tubulação de água, silos de grãos e prédios administrativos. Não esqueçam que somos pessoas, não somos brinquedos! Os rebeldes não tinham como revidar os ataques aéreos. Além disso, não tinham condições financeiras de administrar a cidade. Imagino que o caos se instalou oficialmente porque não havia governo; se as pessoas quisessem se casar, se divorciar, se tivessem um bebê, não havia como fazer o registro, não havia papéis para oficializar tudo isso. E as escolas não estavam funcionando.

As pessoas reclamavam que não tinham água e que não estavam mais recebendo suas pensões. O regime também havia cortado nossa internet, o que era muito chato para pessoas como eu, que procuravam informações. A única razão para termos eletricidade era o fato de estarmos próximos da hidrelétrica que fornece energia para uma grande parte da Síria; se o nosso suprimento fosse cortado, os rebeldes poderiam bombardear tudo.

O combustível chegava por meio de contrabando, mas era muito caro. Havia muitas roupas e eletrodomésticos no mercado, e diziam que tudo havia sido roubado das casas das pessoas que haviam deixado Alepo, por isso nunca compramos nada, apesar de estarmos meio que acampados em nossa casa, pois havíamos saído sem levar quase nada. E se as nossas coisas estivessem lá? O que realmente precisávamos era de pão, e para isso havia longas filas nas padarias.

O outro problema da guerra é que você não tem ideia do que pode acontecer com você. Um dia, Nasrine e Ayee foram ao mercado para comprar roupas para um casamento em sua loja preferida. No caminho, elas passaram por outra loja e Nasrine gostou de um casaco comprido que estava exposto na vitrine. Ayee não queria parar, mas Nasrine é bem teimosa e elas entraram para Nasrine experimentar o casaco. Assim que ela o colocou, ouviram os aviões e depois uma explosão. O lugar para onde elas iam tinha acabado de ser bombardeado; morreram três pessoas, incluindo o dono daquela loja. "Aquele casaco salvou nossa vida", Nasrine falou. Depois ela soube que uma antiga amiga de escola, Evelin, estava fazendo compras no mercado e perdeu as pernas com a explosão; seu marido morreu.

Os bombardeios não eram o único problema. Mustafa dirigia por cerca de 2 mil quilômetros semanalmente com seus caminhões e disse que antes da revolução você podia dormir no meio do deserto sem medo de que alguém o roubasse ou tocasse em você. Agora tudo havia mudado. Os pontos de controle do ELS tinham começado a exigir dinheiro – às vezes milhares de dólares – para deixar que ele e seu motorista passassem; por isso ele passou a viajar à noite e por estradas menores, para evitar as rodovias com os postos de controle, mas isso nem sempre era suficiente.

Não muito tempo depois de termos nos mudado para Manbij, alguns membros da Frente al-Nusra roubaram 21 mil dólares de Mustafa. Ele tinha comprado alguns carros em Homs e atravessara o país com seu motorista para levá-los para Kobani. Naquela noite, quando pararam em um lugar para dormir, ele percebeu que o motorista estava falando muito no celular. No dia seguinte, o motorista disse que ouvira falar que estavam ocorrendo combates na rota que haviam planejado, por isso era melhor seguirem por um caminho diferente, passando por um vilarejo próximo a Deir al-Zour, no leste da Síria. Quando chegaram lá sofreram uma emboscada; eles foram cercados por quatro carros com homens armados que começaram a atirar e acusaram Mustafa de trabalhar para o PKK, a milícia curda. Os homens levaram todo o dinheiro da venda dos carros. Depois disso, Mustafa demitiu o motorista, pois tinha certeza de que ele estava em conluio com a gangue.

Em outra ocasião, alguns meses depois, ele foi roubado por outros militantes em um lugar chamado al-Hasakah, onde dois vilarejos estavam em luta. Ele foi parado por homens armados que perguntaram se ele era curdo. Disseram que ele tinha que esperar pelo "emir" e depois levaram Mustafa e seu motorista até uma escola onde mantinham outros curdos. Então eles pegaram os dois caminhões Mercedes-Benz e tiraram todo o dinheiro de Mustafa – cerca de 300 ou 400 dólares – e os celulares antes de soltá-los.

Mustafa não contou nada disso para nosso pai na época porque Yaba não iria querer que Mustafa continuasse trabalhando e nós dependíamos do dinheiro dele. Mustafa sempre dizia que a guerra era boa para os negócios porque a ruptura da ordem tornava as licenças de importação desnecessárias e aumentava a demanda de todas as milícias por veículos. Mas o motorista de Mustafa costumava carregar uma caixa de cerveja com ele porque tinha medo. Yaba sempre avisava: "Você não deve ser ganancioso demais, pois pode se dar mal".

Mas tivemos boas notícias na família. Talvez para que meus pais parassem de falar sobre os perigos que ele corria dirigindo pelo país, aos 37 anos Mustafa de repente concordou em se casar, depois de dez anos recusando todas as garotas que Ayee sugeria. A felizarda era uma prima chamada Dozgeen, que morava em um vilarejo próximo a Kobani. Por que ele aceitou essa moça e não as outras, ninguém sabe. Eu simplesmente agradeci a Deus por não ter mais que cobrir os ouvidos todas as vezes que eles discutiam por causa desse assunto. A única coisa chata é que haveria outro casamento e a casa ficaria cheia de gente, e eu não gostava de nada disso.

Quando Mustafa e meu pai foram para Kobani encontrar a família da moça e acertar os detalhes do compromisso, o valor do dote etc., foram parados em um posto de controle do ELS e o comandante exigiu dinheiro. O homem os reconheceu e pegou 1500 dólares – Mustafa disse que, se não fosse isso, ele poderia ter exigido 5000 dólares. Na verdade, foi muita sorte porque eles estavam levando colares, anéis e braceletes de ouro para o dote e, se o comandante tivesse visto, ficaria com tudo.

Naquela época tinha sempre alguém vindo até a nossa casa, refugiados como nós, fugindo de Alepo ou de outras cidades. As pessoas chegavam e tomavam chá, comiam pistache e contavam sua história, relatando como haviam fugido. Quando eles chegavam, eu tinha de desligar a televisão, o que era bem chato, mas esse não era o único motivo para odiar aquilo. Depois que eles saíam eu chorava e minha mãe queria saber por quê. "É como se todo mundo tivesse criado seu próprio canal para transmitir notícias dos migrantes." "Não fique chateada", minha mãe dizia. "O importante é que estamos juntos e não aconteceu nada conosco."

Minha tia Shamsa, irmã da minha mãe, e seu marido, tio Bozan, cuja filha, Azmar, havia estudado Direito com Nahda e depois se casara com meu irmão Farhad na Inglaterra, também saíram de Alepo e foram morar perto de nós com seus outros filhos. Tio Bozan era um comerciante de azeite; quando moravam em Alepo eram muito ricos e tinham uma bela casa. Mas eles deixaram tudo e levaram apenas o carro. "Tudo o que eu quero é que meus filhos fiquem em segurança", dizia minha tia.

Um dia, em março de 2013, tio Bozan e seu filho Mohammed tiveram de ir a Damasco para pegar alguns documentos para que Mohammed pudesse estudar no exterior. Assim que saíram de Manbij foram parados por um grupo armado que obrigou os dois a descer do carro. Eles prenderam Mohammed e mandaram meu tio trazer 2 milhões de libras sírias para soltarem o filho.

Tio Bozan voltou para Manbij em um estado deplorável. Todo mundo começou a tentar ajudar a arrecadar dinheiro. Jamila veio fazer companhia para tia Shamsa; no terceiro dia Nasrine abriu a porta e disse que o primo Mohammed estava andando na rua. Ele contou que havia sido levado pelo grupo armado para um lugar no deserto entre Hama e Homs onde havia um sheik local que ficou irritado e mandou que o soltassem.

No início de 2013 as forças de Assad subiram as apostas e começaram a bombardear áreas residenciais de Alepo com mísseis russos Scud, aumentando a fuga de pessoas. Eu achava que não havia mais ninguém lá. Não dá pra imaginar a quantidade de nomes que reconhecíamos nas listas de pessoas mortas, principalmente Nasrine. Ela estava sempre lamentando. "Oh, eu conheço esse! Eu conheço aquela!" Uma vez ela chorou porque um míssil Scud atingiu o bairro de sua melhor amiga em Alepo, Wedad, e achou que ela estivesse morta. Durante uma eternidade o telefone tocou, tocou e nada de alguém responder. Imaginamos que o pior tivesse acontecido. Até que um dia ela telefonou. Contou que havia sobrevivido, mas o quarteirão estava destruído e muita gente morrera.

Eu sabia que não voltaríamos para Alepo. Depois de seis meses em Manbij, meus pais foram até lá para pegar nossas coisas. Yaba não queria ir, mas nós, as mulheres curdas, somos muito fortes; Mustafa brincou, dizendo que meu pai tinha mais medo da minha mãe do que da guerra. Quando chegaram, encontraram escombros e poeira por toda a parte; nosso prédio era o único que continuava em pé. Todas as janelas estavam quebradas, menos as nossas, que Ayee deixara abertas. Parecia uma cidade fantasma, eles disseram.

Não muito tempo depois, em abril, ouvimos dizer que os jatos do regime haviam jogado produtos químicos em Sheikh Maqsoud – vasilhas que explodiam e deixavam as pessoas espumando pela boca e as pupilas dos olhos pequenas como caças de alfinetes. Entre os mortos estavam dois bebês.

De certa forma fico feliz por nunca ter voltado, pois ainda guardo na memória a imagem da bela cidade que deixei para trás. Não a Alepo destruída que meus pais e Nasrine viram. Nasrine diz que gostaria de nunca ter voltado.

Days of our Lives tornou-se uma espécie de salva-vidas – a única coisa que conseguia me fazer esquecer os bombardeios – e eu assistia intensamente, encarando quem ousasse falar alguma coisa enquanto estivesse passando na TV. A rivalidade entre as famílias Brady e DiMera parecia mais real para mim do que minha própria vida familiar. Às vezes eu até gritava para a tela.

Eu assistia a *Days of our Lives* com legendas. Até que um dia percebi que havia entendido uma das palavras em inglês. A palavra era "*anything*" ["alguma coisa"].

7
"E o vento levou"

MANBIJ, 2013

Caso você pense que só assistia à TV, eu também gostava de ler. É claro que eu não conseguia livros sozinha, tinha que emprestar de Nasrine ou de vez em quando roubar da prateleira quando ela estava fora. Pouco antes de nos mudarmos para Manbij ela pegou emprestado *E o vento levou* do enteado de Jamila (esqueci de dizer que o marido de Jamila tem duas esposas, o que me deixou um pouco chocada quando descobri, apesar de meu avô ter quatro e esse costume ser aceito em nossa cultura).

Esse livro acabou se tornando meu favorito. Margaret Mitchell é genial porque ao longo de todo o romance você fica imaginando que alguma coisa vai acontecer entre Scarlett O'Hara e Ashley, que ela persegue o tempo todo, e então aparece o patife Rhett Butler, que acaba se tornando o personagem principal e, na verdade, toda a história gira em torno de Rhett e de seu amor por Scarlett e eu me perguntei: "Como assim?". Eu gosto dessa reviravolta, o sujeito malvado que na verdade é o personagem principal da história. Como nós, na Síria, Scarlett está tentando sobreviver em meio a uma guerra civil e manter a casa que ela ama.

A melhor coisa dos livros é que dava pra ler com a luz de uma vela ou de uma lanterna, o fato de não termos luz não era problema. O lado ruim é que parecia não haver personagens em cadeira de rodas. Bem, só a amiga rica Clara, em *Heidi*, mas Clara consegue andar no final.

Apesar de amar *E o vento levou*, Scarlett é a última pessoa que eu gostaria de ser na vida real. Ela é linda e tem uma cintura fina, mas é vaidosa e mimada. Eu não a culpo por seu comportamento. Foi uma criança superprotegida e quando quis uma coisa – Ashley – e não conseguiu, decidiu se vingar por causa do ego ferido. Algumas pessoas acham que é uma fraqueza a mulher fazer o que seu coração manda, mas pessoalmente fico feliz em pertencer ao sexo que dá tudo o que tem sem esperar nada em troca. É claro que não temos casamentos por amor em nossa cultura, por isso não temos o problema de Scarlett. Na maioria das vezes casamos com nossos primos para manter todas as propriedades na família, mas de vez em quando eu me pergunto quem iria querer casar comigo, já que sou deficiente.

Mais ou menos nessa época Nasrine trouxe *O amor nos tempos do cólera*, de Gabriel García Márquez, que nós adoramos; sempre que Nasrine saía eu pegava o livro no meio das suas coisas. Ela ficava zangada, mas o que é que ela poderia fazer? Como eu já disse, vantagens da deficiência.

Passei meu 14º aniversário lendo esse livro. Foi a primeira vez em que não celebrei meu aniversário com bolo e doces, mas como não gostava de Manbij eu me recusei a fazer festa. Além disso, parece que não é certo comemorar um aniversário no meio de uma guerra. A única coisa boa – mas também assustadora – era que eu iria ver meu irmão mais velho, Shiar, pela primeira vez na vida. Ele telefonou alguns dias antes da véspera do ano-novo para dizer que voltaria à Síria para fazer um filme. Eu fiquei um pouco nervosa. E se eu não sentisse o que deveria sentir com relação ao meu irmão? E se ele não gostasse de mim ou me achasse esquisita? Eu não sabia até que ponto ele tinha conhecimento da minha dificuldade de andar. Desde que saíramos de Alepo havíamos interrompido todo o tratamento e minhas pernas tinham piorado de novo. Além disso, nunca gostei da casa cheia de gente e agora mais pessoas viriam para ver o famoso cineasta.

A casa ficou bem agitada com minha mãe e minhas irmãs cuidando dos preparativos. Mustafa havia conseguido trazer um peru, apesar da escassez causada pela guerra, que foi preparado no primeiro dia do ano enquanto esperávamos a chegada de Shiar. Eu fiquei me preparando para o grande momento. Se havia uma coisa que eu não queria era ficar emocionada – eu não queria chorar. Mas, quando Shiar passou pela porta e me abraçou, *ele* chorou.

Esqueci rapidamente todas as minhas preocupações sobre como me comportar na frente de Shiar porque ele parecia e agia como um membro da família. As pessoas vinham vê-lo e depois que saíam ficávamos acordados até de madrugada conversando. Foram momentos felizes. Eu nunca tinha tido três irmãos em casa. Só estava faltando Farhad, mas ele estava muito longe, em uma cidade da Inglaterra, Sheffield, fazendo pizza. É isso o que ele faz, apesar de ter estudado para ser dentista. Nós imaginávamos que a Europa fosse muito rica, mas durante algum tempo ele até morou nas ruas.

Shiar ficou chocado com os bombardeios e com a maneira como todos nós nos acostumamos. "Como é que vocês conseguem viver assim?", ele perguntou muitas vezes. Ele tinha vindo para rodar um filme chamado *The Road to Aleppo*, e Bland participaria do filme. Bland, quem diria, um astro do cinema? Eles saíram à procura de locações e um dia foram visitar sua velha escola no lado oeste, depois o Centro Cultural que Shiar costumava frequentar quando menino. Foi quando eles viram pela primeira vez as pessoas que depois chamaríamos de Daesh. Estavam em oito e usavam roupas pretas, com balaclavas cobrindo o rosto; eles haviam fechado a rua com suas picapes. Na frente de um prédio haviam pintado as palavras "Estado Islâmico". Foi a primeira vez que ouvimos falar deles.

Com a chegada da primavera, surgiram mais alguns. Não tínhamos certeza se eles eram a mesma coisa que a Frente al-Nusra ou eram diferentes, pois se pareciam por causa das barbas longas e das calças curtas. O Príncipe e os outros comandantes desapareceram, e os nossos vizinhos não ficaram tristes com isso porque eles estavam assediando as pessoas.

No início os homens de preto foram gentis. Certa vez Mustafa estava comendo em um restaurante quando chegaram alguns deles e eles até pagaram a refeição de Mustafa e das outras pessoas que estavam comendo ali. Eles realizavam fóruns dawa – espécie de reunião pública – na praça da cidade, quando falavam sobre a jihad contra o regime de Assad, e também organizavam competições de cabo de guerra. Ofereciam serviços médicos e forneciam combustível mais barato do que o que comprávamos no mercado negro. Eles até organizaram um concurso entre as crianças para ver quem comia mais melão.

Depois chegaram estrangeiros para se juntar a eles, pessoas negras e loiras, não apenas árabes. Surgiram quadros de avisos com slogans estranhos do tipo "Sim às normas da charia em Manbij!". Eles começaram a dizer que todos deveriam cobrir suas esposas e filhas e passaram a bater nas mulheres que não se cobriam. Fizeram prisões e prenderam um dos meus primos, que tinha uma tatuagem na testa; disseram que ele parecia uma mulher e o obrigaram a fazer um curso de religião. Acontecia a mesma coisa com quem usasse jeans. Quanto às mulheres, quando minha mãe ou minhas irmãs saíam de casa, elas se cobriam inteiramente de preto.

Shiar havia trazido sua filha, Rawan, aquela que não brincava comigo quando éramos pequenas. Tendo crescido na Alemanha, ela era inteiramente europeia, e agora tinha de se cobrir com um hijab preto. No início ela achava engraçado, mas, com a chegada do verão, o calor incomodava; e não era nada fácil caminhar para quem não estava acostumada. Em pouco tempo ela ficou cheia daquilo.

Era uma situação assustadora e confusa. Um dia Nasrine estava me levando para o carro de Mustafa quando uma picape que pensamos ser do Daesh passou por nós e depois voltou. Eu estava com a cabeça descoberta, como sempre, e nossos corações bateram mais forte. "Irmã, irmã, tem algum homem com quem possamos falar?", um deles gritou. "Sim", Nasrine respondeu e chamou Bland. Eles eram do ELS e queriam saber se precisávamos de uma cadeira de rodas. Nós dissemos que não, apesar de eu não ter uma.

Vizinhos que conhecíamos há vinte anos e que haviam se ligado ao ELS agora estavam se ligando ao Daesh. Vocês podem achar estranho que as pessoas simplesmente aceitassem que essa gente de fora lhes dissesse o que fazer, mas Bland nos disse que a população de Manbij não tinha muita instrução e receava não ser vista como muçulmana. "Você pode fazer com que eles acreditem em qualquer coisa. Basta dizer 'Allahu Akbar' três vezes e terá tudo nas mãos", ele disse. Bland estava certo – Manbij era um lugar atrasado, onde as mulheres nunca tiveram direitos. Quando vivíamos ali, antes de irmos para Alepo, Nasrine e nossa prima eram as únicas garotas que não cobriam a cabeça no colégio.

Em outra cidade, chamada al-Dana, para onde o Daesh foi mais ou menos na mesma época, os moradores saíram às ruas em julho para protestar contra a rigidez das leis islâmicas. Cerca de vinte pessoas foram mortas a tiros e dois comandantes do ELS foram decapitados; as cabeças foram então colocadas perto de uma lixeira no centro da cidade. Como essas pessoas podiam dizer que pregavam o islamismo? Não há religião no mundo que permita a morte de gente inocente.

Depois nós percebemos que eles tinham ido para Manbij e outras cidades porque eram pontos de passagem de fronteira (como Jarabulus, na fronteira com a Turquia), o que permitia que eles trouxessem seu pessoal, ou então porque (como Manbij e al-Bab) eram redutos estratégicos na estrada para Raqqa, cidade que eles transformariam em seu quartel-general. Agora, além da preocupação com os bombardeios do regime, também tínhamos fanáticos como aqueles da Arábia Saudita vindo atrás de nós.

E Assad tornava as coisas cada vez piores. Ele estava recebendo ajuda dos iranianos para fazer os rebeldes recuarem. Estava até trazendo combatentes afegãos para lutar como mercenários. Em agosto de 2013 ele usou gás sarin nos distritos de Damasco que eram controlados pelos rebeldes. Era como se os acontecimentos de Halabja em 1988 estivessem se repetindo. Eu me lembro da data – 21 de agosto – e lembro que tinha assistido a *Days of our Lives*. Assim que acabou eu comecei a zapear pelos canais e sem querer vi a Al Jazeera mostrando os corpos dos mortos. Foi terrível. Usei meu andador para me arrastar até o banheiro e liguei o chuveiro, completamente vestida. Quando saí, toda molhada, pedi a Nasrine que me fizesse um café, que não posso tomar.

Nessa época Shiar já tinha acabado de rodar seu filme e voltara para a Alemanha. Ele me contou a história do filme e me perguntou o que eu achava. É sobre um homem que volta da Alemanha tentando encontrar sua mãe em Alepo. Ele conhece uma fotógrafa, que se oferece para ajudá-lo; então eles chegam a uma cidade bombardeada e, quando tentam conseguir ajuda para as vítimas, acabam presos pelos rebeldes. "Eu não gosto porque não dá esperança, e nós precisamos acreditar que há esperança", eu respondi. Ele começou a chorar. Acho que eu disse algo errado.

Cada vez mais pessoas que conhecíamos estavam deixando o país. Alguns dos nossos primos e vizinhos começaram a falar que desejavam que a revolução jamais tivesse acontecido. Eu não concordava. "Vocês ficariam felizes sendo governados pela décima geração dos Assad?", eu perguntava a eles. "Acho que não."

Mas em certos aspectos a vida continuava como se nada estivesse acontecendo. Mais ou menos na mesma época seria realizado o casamento do meu irmão Mustafa. Como eu já disse, odeio os casamentos dos meus irmãos. Mas, na verdade, meu episódio favorito de *Days of our Lives* é aquele que os fãs chamam de Casamento Negro, em que meu personagem favorito, EJ DiMera – sim, ele é o vilão –, se casa com Sami, da família Brady, sua rival.

Não sei se vocês sabem, mas EJ é filho do maior vilão da novela, o chefão do crime, Stefano DiMera. EJ é muito bonito e tem um sotaque britânico porque estudou em um internato na Inglaterra – Eton, onde também estudou o príncipe William! – e depois em Oxford. Após isso, ele se tornou piloto de carros de corrida, mas seu pai mandou que voltasse para os Estados Unidos para infernizar a vida da família Brady. Era evidente que EJ faria qualquer coisa para ter o amor de seu pai e fazer parte de uma família pela primeira vez, mas qualquer um podia ver que Stefano só o usava e não era capaz de amar.

Para agradar seu pai – e enfurecer os Brady – EJ seduz Sami Brady, que é a ovelha negra da família. Ela acaba engravidando e eles se casam. Isso deveria pôr um fim à vingança, só que ele leva um tiro quando dizia "sim" no altar, disparado por Lucas, ex-marido de Sami. Eu até achei meio engraçado porque *Days of our Lives* parecia tão diferente da nossa vida, mas na nossa sociedade também temos essa coisa de vingança – como a que nos fez mudar de Kobani – e muitas vezes resolvemos a questão com casamentos.

Segundo a nossa tradição, as pessoas disparam armas durante os casamentos. Eu não conseguia ver nenhum motivo para celebrar porque os casamentos representavam a perda de mais um membro da minha família. Ayee tentou explicar que dessa vez estaríamos recebendo alguém – Dozgeen, a noiva de Mustafa, que era apenas alguns anos mais velha do que eu. No início eles iriam morar na nossa casa, e nós ficaríamos na casa do lado, com nossos primos. Eu não conseguia ver o que havia de bom nisso.

Dozgeen foi trazida de Kobani. Ela não tinha um vestido de noiva e eles demoraram quatro horas para cruzar pequenos vilarejos por causa dos combates. Quando ela chegou, eu estava morta de cansaço e com dor de estômago, por isso só queria que me deixassem em paz, mas foi um momento histórico em nossa família. A casa se encheu de convidados que ficaram até tarde, celebraram com danças tradicionais e agiram como se não existisse guerra ou Daesh, e eu tive que sorrir o tempo todo como se estivesse me divertindo.

Ayee estava certa. Dozgeen era como uma nova irmã. No primeiro dia após o casamento ela estava usando um belo vestido lilás e sentou em uma cadeira. Logo, comecei a interrogá-la. "Qual é a sua cor preferida? Qual é o seu filme preferido? Qual é a comida de que você mais gosta?". Ela respondeu a todas as minhas perguntas e depois disse que sua mãe tinha lhe dito que fosse boa comigo porque eu era muito valiosa para a família.

Era bom ter uma pessoa nova na casa, já que eu não podia ver TV devido aos cortes de energia. Isso era muito irritante porque todas as manhãs eu acordava desesperada para saber de todas as reviravoltas na história de EJ e Sami, ou EJami, como diziam os fãs.

Depois que EJ leva o tiro, Sami é obrigada a fingir que gosta dele para tentar ajudá-lo a se recuperar, mas, depois que EJ se recupera, ele tem um caso com a arqui-inimiga de Sami, Nicole, que também fica grávida. A história de EJ e Sami é basicamente um caso de amor explosivo, em que eles brigam e ficam juntos, brigam e mentem e brigam de novo. Apesar de EJ ser mau e cruel, ele é também frágil e carente – e o pai dele é tão cruel que você acaba torcendo por ele.

Por isso, além de todo o estresse dos bombardeios e do casamento na minha família, eu tinha que lidar com o vaivém desse casal tempestuoso. Às vezes eu achava que iria enlouquecer.

E eu estava sempre perdendo capítulos importantes porque a novela era transmitida pelo MBC 4 de sábado a quarta, entre as 9h15 e as 10h da manhã, e a energia elétrica de Manbij era racionada. Alguns dias a luz acabava às 6h e voltava às 9h, bem a tempo; mas em outros dias acabava às 7h e só voltava às 10h. Havia uma reprise às 16h, mas nessa hora a sala ficava cheia de visitas, com suas terríveis notícias sobre os migrantes, ou com meu pai e seus amigos conversando sobre a situação. Então não dava para assistir. Quando eu não conseguia acompanhar minha novela era como se não tivesse meus amigos por perto quando mais precisava deles, apesar de eles não terem a menor ideia de que eu existia.

Eu vivia dizendo para a minha família que não podia perder nenhum capítulo porque eram minhas aulas de inglês. Desde que percebi que conseguia entender a palavra "*anything*", comecei a tentar compreender o significado de outras palavras em inglês. Em pouco tempo descobri que entendia muitas palavras e comecei a pegar frases. A outra coisa boa da visita de Shiar tinha sido a possibilidade de praticar inglês com ele. Eu não conhecia mais ninguém que soubesse falar o idioma.

Então passei a direcionar meu interesse. Comecei a assistir a *Dr. Oz*, um programa sobre saúde, para aprender termos médicos, pensando que talvez um dia eu pudesse ir a um hospital no exterior para fazer um tratamento; *Masterchef*, para aprender sobre comida e culinária; *America's Got Talent*, para referências culturais; programas sobre vida animal, para aprender nomes de animais; documentários científicos e históricos que poderiam ser úteis caso algum dia eu fosse para a faculdade (mesmo sem ter frequentado a escola!). Mas é claro que conversação em geral eu aprendia com *Days of our Lives*. Às vezes aqueles personagens pareciam mais reais para mim do que meus próprios irmãos, que eu raramente via. Eu ficava desesperada para que a história deles terminasse do jeito que eu queria. Alguma coisa precisava ter um final feliz.

8
Perdoe-me, Síria

Manbij, julho-agosto de 2014

No fim das contas, foi Shiar que nos fez deixar a Síria. Ele ficou chocado com a maneira como estávamos vivendo, com os bombardeios e os jihadistas, e ficou em contato conosco desde que voltara para a Alemanha.

Na primavera e no verão de 2014, a sensação era de que as coisas estavam se agravando. Primeiro soubemos que o escritor Gabriel García Márquez havia morrido, e por isso eu e Nasrine ficamos muito tristes. Então EJ foi assassinado em *Days of our Lives*. Finalmente ele e Sami haviam se reconciliado, mas ele foi traído e assassinado por seu próprio guarda-costas. Acho que eu sabia que isso iria acontecer e até gostei de ter adivinhado o que os autores da novela fariam; mesmo assim, ficou um grande vazio em minha vida.

As forças de Assad haviam desaparecido da nossa região, pois estavam ocupadas demais defendendo Damasco, e agora as milícias curdas, YPG, é que estavam combatendo o Daesh. Nós, os curdos, somos muçulmanos, mas não somos obcecados por isso – nós nos identificamos por meio da nossa cultura. As pessoas começaram a se referir à nossa região com o nome de Rojava – o curdistão sírio.

Em janeiro o Daesh montou seu quartel-general na cidade de Raqqa, que fica a pouco mais de 300 quilômetros. Em Manbij eles haviam ficado mais rigorosos. Além de obrigar as mulheres a usarem o nicabe, mandavam os homens fazerem orações na mesquita cinco vezes por dia. Eles decapitaram um garoto de 14 anos, acusando-o de ter estuprado uma velha; a mãe do rapaz morreu de tristeza. Eles também baniram a música. Eu tinha acabado de descobrir a música clássica; adorava o violão do *Concierto de Aranjuez*, do compositor espanhol Joaquín Rodrigo, e Andrea Bocelli cantando *Time to Say Goodbye*. Pra falar a verdade, eu estava bem chateada: como é que não descobri isso antes? Eu achava que era muito boa em descobrir as coisas.

Em junho o Daesh pegou todos de surpresa tomando a cidade curda de Mossul, no norte do Iraque, e avançando contra Bagdá. Eles divulgaram um vídeo de seu líder, Abu Bakr al-Bagh, fazendo um sermão na mesquita, proclamando um califado que, segundo ele, se estenderia até a Espanha. "Esse é um dever dos muçulmanos", ele disse. "Um dever que se perdeu durante séculos e eles devem sempre procurar estabelecer."

Há milhares de anos que não existia um califado. Olhe para a frente, Baghdadi! Se quer mesmo voltar no tempo, enterre o Rolex. De qualquer forma, o vídeo foi parar em todos os noticiários internacionais e de repente não se falava em outra coisa no Ocidente, tudo girava em torno do Daesh, como se tivessem acabado de descobrir sua existência.

Um dia Nasrine e Bland estavam andando de carro e, ao contornarem uma rotatória, perceberam que havia uma cabeça em cima de uma estaca. Isso passou a acontecer cada vez com mais frequência. Outro dia, homens armados apareceram na casa da tia Shamsa e do tio Bozan, cujo filho tinha sido sequestrado, atirando para o alto e batendo na porta com força – talvez porque tivessem dois carros potentes. Não havia ninguém em casa, mas assim que meus tios voltaram e souberam o que havia acontecido, decidiram ir embora para Kobani.

Depois telefonaram para nos contar uma história terrível. Tia Shamsa relatou que seu vizinho, que também era curdo, tinha uma filha linda; um dia, quando seu pai não estava em casa, militantes do Daesh apareceram querendo levá-la. Seu irmão de 13 anos tentou impedi-los e eles o mataram. Um dia depois eles voltaram e disseram: "Ela deve se casar com nosso Emir. Deve estar preparada amanhã; voltaremos para pegá-la". Os pais apavorados não tinham alternativa. Os homens voltaram e a levaram, e depois de uma semana permitiram que fosse para casa por um dia. A mãe perguntou: "Quem é seu marido? É um homem bom?". A garota começou a chorar. "A senhora acha que eu me casei com um homem? Todas as noites tenho dez homens", ela disse.

No dia seguinte nossa família foi embora.

Só que não foi a família inteira. Meus pais ficaram para cuidar da casa. Eles disseram que iriam depois, mas eu me lembrei da promessa de Ayee quando deixamos Alepo, de que voltaríamos após o Eid, e desde então já o havíamos celebrado mais duas vezes. E no fundo do coração eu sabia que eles não queriam deixar a Síria. Meu rosto ficou coberto de lágrimas quando nos despedimos. Eu me agarrei a Ayee. Jamais havia me separado dela antes. Sempre dormimos juntas.

Saímos de manhã, após o café da manhã com pão sírio molhado em azeite temperado com orégano, sumagre e gergelim, que era mais ou menos a nossa versão de pão com manteiga de amendoim. Mustafa tinha ido na frente até a cidade turca de Gaziantep, onde viviam muitos sírios, para encontrar um apartamento para nós. Fomos no carro do tio Ahmed, que tinha passaporte, e assim atravessamos a fronteira. Bland foi sentado na frente; eu, Nasrine e Dozgeen, que já parecia fazer parte da família há muito tempo, nos apertamos no banco de trás. Não havia muito espaço, com todas as nossas coisas, além das burcas que elas usavam. O dia estava ensolarado e, para qualquer um que nos visse, parecíamos uma família normal simplesmente passeando. O malvado gato branco com a mancha laranja no olho e o tumor na garganta estava no telhado, nos observando. Eu não senti pena nenhuma por deixá-los. Pareciam gatos do Daesh.

A viagem até a fronteira demorava menos de uma hora. Logo estávamos cruzando as colinas verdejantes e os campos dourados de trigo que nos separavam da Turquia. O plano era atravessar a fronteira em Jarabulus, que fica na margem ocidental do rio Eufrates, e que estava sob o controle do Daesh. Assim que nos aproximamos pudemos ver a bandeira preta tremulando. Foi a primeira vez que vi essa bandeira. Eu me lembrei dos acontecimentos de janeiro, quando ocorreram combates em Jarabulus e muita gente havia morrido; os comandantes do Daesh decapitaram os comandantes rebeldes e depois penduraram as cabeças em estacas, na praça principal. Eu esperava não ver uma coisa dessas.

Logo depois de uma curva nós nos deparamos com um bloqueio na estrada. Homens vestidos de preto ergueram as armas a fim de que parássemos. Eles eram assustadores, com barba e cabelos compridos, as calças curtas, e armas apontando para nós. Parecia que estávamos em um filme de ação.

Meu tio abaixou os vidros das janelas do carro. Parecia que até os pássaros tinham parado de cantar.

Os militantes apontaram para mim. “Por que ela não está usando um lenço na cabeça?”, eles perguntaram. O árabe deles soava estranho para nós. Eu estava com tanto medo que comecei a tremer.

“Ela tem apenas 12 anos”, disse Bland. “E é deficiente.”

Os homens olharam mais de perto. Depois um deles se dirigiu a Bland. "Diga para a garota cobrir a cabeça no futuro", ele disse, como se eu fosse surda.

Eles nos deixaram passar e continuamos a viagem. Podíamos ver uma enorme bandeira turca, com sua lua crescente e a estrela, do outro lado. Havia centenas de outros sírios atravessando aquele ponto da fronteira, a maioria a pé, com seus pertences em malas e trouxas. Foi a primeira vez que me dei conta de que éramos refugiados.

Meu tio, que sempre ia e voltava com celulares para vender em sua loja, conhecia um dos oficiais da fronteira, por isso não precisamos ficar na fila. Ele disse que era fácil passar de um lado para outro – os turcos vinham atrás de cigarros e gasolina barata, e os sírios iam em busca de artigos de luxo, praticamente como se não houvesse fronteira.

Houve uma época em que Assad e o presidente da Turquia, Recep Erdogan, eram aliados e amigos. Isso tinha mudado. Assad ignorou os enviados turcos que foram a Damasco nos primeiros dias da revolução para tentar convencê-lo a ouvir os manifestantes e introduzir reformas.

Como seus argumentos foram ignorados, Erdogan permitiu que o principal grupo de oposição, o Conselho Nacional Sírio, organizasse um governo de oposição no exílio, em Istambul, e que o ELS mantivesse campos de treinamento perto da fronteira.

O tio Ahmed passou algumas notas para o oficial da fronteira, mas seu contato disse que só ele e eu poderíamos passar. Bland disse que iria falar com outra pessoa. Ficamos esperando no carro durante quatro horas. O calor foi piorando. Enquanto esperávamos, fui fazendo perguntas para o tio Ahmed, como "Por que a bandeira turca tem a lua e uma estrela?" (ele disse que elas apareceram em um sonho do primeiro governante otomano); também perguntei sobre a população da Turquia e da Síria (80 milhões de turcos e 23 milhões de sírios – pelo menos antes de todo mundo ir embora). Havia algumas crianças brincando ali perto e percebemos que elas faziam de conta que atiravam e depois decapitavam umas às outras. O que havia acontecido com nosso país?

Quando voltou, Bland disse que não seria possível atravessar naquele ponto; mas ele ficou sabendo de outro lugar e por isso foi com Nasrine e Dozgeen pegar um táxi para ir até uma cidadezinha chamada Arai, onde atravessadores poderiam ajudar a cruzar a fronteira. Eles pagaram 50 dólares cada um e foram colocados junto com um grupo de aproximadamente vinte refugiados. O atravessador disse a eles que caminhassem até a cerca da fronteira e se escondessem nos arbustos. Depois de meia hora esperando, eles receberam um sinal para atravessar. Havia apenas uma pequena cerca, que eles poderiam pular facilmente. Eles andaram por cerca de meia hora do outro lado até chegarem a um lugar onde havia uma van esperando para levá-los até onde estávamos.

Em Jarabulus, tio Ahmed e eu simplesmente passamos no carro. Parecia um trajeto tão comum para algo que seria uma mudança tão importante. Alguém havia pintado em uma parede: "Sua terra natal não é um hotel de onde você pode sair se o serviço for ruim". Senti as lágrimas correndo pelo meu rosto. Era difícil acreditar que Alepo estava a apenas duas horas dali. Eu não tinha amigos de quem pudesse me despedir e meus irmãos estariam comigo, mas ainda assim fiquei muito triste. "Perdoe-nos, Síria", eu sussurrei.

Depois de pegarmos Bland, Nasrine e Dozgeen, que estavam morrendo de calor e muito agitados com toda aquela aventura, seguimos por uma estrada paralela à fronteira. De vez em quando víamos acampamentos com tendas brancas. Os turcos estavam recebendo os refugiados e haviam montado uma série de acampamentos ao longo da fronteira. Primeiro chegaram alguns poucos, depois 10 mil em um ano, e agora os acampamentos estavam transbordando de gente.

Meio milhão de sírios ou mais haviam cruzado a fronteira antes de nós. Era tanta gente indo embora que dava a impressão de que Assad ficaria com um país sem povo, com exceção dos alauitas. Os campos estavam lotados, e vimos gente deitada na beira da estrada, debaixo de galhos e folhas. Fiquei feliz por termos para onde ir.

A viagem até Gaziantep demorou cerca de três horas. De repente comecei a sentir um cansaço terrível. Estava animada por ter chegado a outro país, feliz por estar longe das bombas e do Daesh, como se tivessem tirado um peso das nossas costas, mas sentia falta dos meus pais.

Entramos em Gaziantep ao anoitecer. Era uma cidade enorme, com uma imponente fortaleza de pedra; as colinas eram cobertas de casas de pedra em tons de cinza, rosa e ocre, e no alto dos minaretes das mesquitas brilhavam luas crescentes. Havia luzes por toda parte. Fazia tanto tempo que não víamos iluminação nas ruas, e elas estavam movimentadas naquela noite de sexta-feira. Ficamos de olhos arregalados vendo aquelas mulheres usando camisetas e jeans apertados, ou minissaias, e rapazes e moças andando juntos. As ruas tinham muitas lojas de celulares, docerias vendendo baclavas e restaurantes com mesas espalhadas pela calçada. Vimos cinemas, centros comerciais e famílias nos parques. Quando abrimos as janelas do carro, sentimos o aroma de pistache, de água de rosas e de narguilé. "Alepo também era assim", Nasrine falou.

Nossa nova casa ficava na periferia, em um bairro chamado Jinderes, no norte da cidade, onde a maioria das mulheres usava cafetãs e lenços. Bland explicou que aquela área era curda. Muitos refugiados estavam na casa de parentes, mas tínhamos a sorte de ter Shiar e Mustafa, e eles haviam alugado um apartamento no primeiro andar de uma das ruas principais, em cima de um supermercado e a poucos metros de um lugar que vendia kebabs sírios. Bland me levou para cima. Dessa vez só precisou subir um andar comigo, em vez de cinco. O apartamento era bem arejado e iluminado, com uma sala grande cheia de almofadas espalhadas no chão para dormirmos, e com uma TV, é claro. Eu comecei a zapear pelos canais imediatamente, procurando o National Geographic e o MBC 4 para poder assistir a *Days of our Lives*.

Também tínhamos internet. Eu nunca tinha usado o Google. A primeira coisa que procurei foi *Days of our Lives*. Imaginem o meu espanto ao descobrir que era a novela mais longa da TV americana.

Na primeira noite eu e Nasrine assistimos a um filme sobre um programa indiano de perguntas e respostas chamado *Quem quer ser um milionário?*. O pobre garoto faz parte de uma gangue que ele chama de Três Mosqueteiros e só falta uma pergunta para conquistar o grande prêmio. A pergunta é: Qual é o nome do terceiro mosqueteiro?". E ele não sabe! Então eu percebi que não sabia o nome dos atores que interpretavam meus personagens preferidos: EJ e Sami. Fui imediatamente procurar no Google.

No final das contas, não precisei esperar muito para ver meus pais novamente. Quinze dias depois de termos ido embora de Manbij, minha mãe teve uma crise respiratória. Mustafa estava em casa e a levou para o hospital. Quando chegaram, o lugar estava cheio de homens de uniforme preto, com suas barbas e cabelo compridos, assustando as pessoas. Eles só permitiam a entrada de quem estivesse em estado crítico, principalmente os feridos em bombardeios. Ayee estava com dificuldade para respirar, mas eles disseram que não havia médicos e que ela deveria ir embora. No dia seguinte, Mustafa trouxe meus pais para Gaziantep.

Estávamos todos juntos novamente, apesar de estarmos em outro país. E não havia bombardeios. "Aqueles dois anos em Manbij pareceram dez", Ayee admitiu alguns dias depois.

Mas alguma coisa me dizia que Gaziantep não seria o fim da nossa jornada. Shiar havia falado da Alemanha. Eu não contei a ninguém, mas uma noite, quando já estavam todos dormindo, peguei o laptop dele e digitei "cura para paralisia cerebral na Alemanha".

SEGUNDA PARTE
A jornada

EUROPA, AGOSTO-SETEMBRO DE 2015

Para ser um migrante bem-sucedido
você precisa conhecer a lei.
Você precisa ser engenhoso.
Precisa ter um smartphone,
estar no Facebook e no WhatsApp.
Precisa ter um pouco de dinheiro.
De preferência, saber um pouco de inglês.
E, no meu caso, precisa de uma irmã
para empurrar sua cadeira de rodas.

— Nujeen

9
Amplie seu mundo

Gaziantep, sábado, 22 de agosto de 2015

Não foi fácil dizer adeus. Na noite anterior, Ayee havia preparado meu prato favorito para o jantar, um prato curdo tradicional: peru com triguilho e salsa, bem picante. Nasrine contou nosso dinheiro – ela tinha uma carteira pendurada no pescoço com 300 dólares e 1300 liras turcas (os euros nós receberíamos no caminho) – e conferiu nossas coisas. Ela havia comprado uma mochila cinza com as palavras "Tocando o ar" e colocou uma muda de roupa para nós duas – uma camiseta e calça jeans – além de pijamas, roupas de baixo, escova de dente e o carregador do celular, que era o item mais importante. Eu também tinha um andador, que era meio complicado de carregar, mas poderia ser útil para ir ao banheiro. Não parecia muita coisa para uma viagem tão longa.

Meu pai estava muito triste; ele vivia dizendo que a família é a coisa mais importante da vida. "Reze para termos uma viagem segura, Yaba", eu disse a ele. Eu não queria que ele fosse até o aeroporto, pois eu sabia que ele ficaria muito emocionado e eu não gosto de ver as pessoas emocionadas.

Somente Ayee e Mustafa foram se despedir de nós. Antes de irmos minha mãe tirou a correntinha de ouro do meu pescoço, que era a única coisa valiosa que eu tinha, pois tínhamos ouvido falar que poderíamos encontrar ladrões pelo caminho. Então ela colocou a corrente em seu próprio pescoço e começou a chorar. "Meu Deus! Não estou indo para Nova York ou Los Angeles, estou indo para a Europa", eu disse, irritada. Então Nasrine me empurrou e nós passamos por um grande cartaz da Turkish Airways que dizia: "Amplie seu mundo". E eu acenei em despedida.

Eu realmente não via aquilo como um adeus. Tinha certeza de que logo voltaríamos a nos encontrar. Eu estava muito animada. Eu, que havia passado tantos anos praticamente sem sair do apartamento do quinto andar em Alepo, estava a caminho da Alemanha! Iríamos de avião até Esmirna, no oeste da Turquia, e depois por mar e terra até a Alemanha, onde nos encontraríamos com Bland, que havia partido quatro meses antes. Eu tinha pesquisado no Google a cidade de Dortmund, onde ele estava, e descobri que ficava a 2897 quilômetros em linha reta, o que era engraçado, pois nem mesmo um avião ia de um lugar para o outro em linha reta, e 3700 quilômetros por terra.

Meus pais haviam dito que estavam velhos demais para fazer uma viagem tão longa e Mustafa precisava continuar ganhando dinheiro para mantê-los e para pagar nossa viagem. Então seríamos só eu e Nasrine. E minha cadeira de rodas, que havíamos conseguido recentemente.

Nós decidimos ir embora porque a vida havia parado em Gaziantep. Os turcos nos deixavam entrar em seu país, mas não gostavam de nós. Antes éramos sírios orgulhosos de uma cultura ancestral. Agora éramos refugiados, ou seja, nada. Bland não conseguia trabalhar, Nasrine não conseguia estudar. O lado positivo é que não havia gatos e cachorros bravos nem bombas ou bombardeios; mas, se alguém deixasse cair alguma coisa, ou se o escapamento de um carro fizesse algum barulho mais alto, nós dávamos um pulo. A situação era muito ruim para os sírios na Turquia. Além disso, éramos curdos. A única maneira de trabalhar era ilegalmente, e aí a pessoa ficava à mercê dos chefes turcos, que se aproveitavam pagando pouco e às vezes nada.

Para mim estava tudo bem, pois eu ficava assistindo à TV para melhorar meu inglês (turco, não; eu achava que era uma língua muito feia) e usava a internet para conseguir mais informações. A sensação de obter novas informações é muito bonita; Shiar havia me emprestado um laptop, por isso eu podia procurar o que quisesse. Era uma espécie de tesouro sem dono. Quem criou *Tom & Jerry*? Mark Zuckerberg é muito rico? De onde Stephenie Meyer tirou a ideia dos vampiros para os livros da série *Crepúsculo*? E, o mais importante, pude pesquisar tudo a respeito de James Scott e Alison Sweeney, que interpretam os papéis de EJ e Sami em *Days of our Lives*.

Eu também havia ficado obcecada pela rainha Victoria e o fato de ela ter usado preto pelo resto da vida após a morte do marido – e foi uma vida longa, pois Albert morreu quando ela tinha 42 anos e ela viveu até os 81.

É engraçado porque nos filmes ela parece muito rígida, mas descobri que ela mantinha muitos diários, os quais dá pra ler na internet. Eu li – mas não todos os 141 volumes! – e percebi que ela não era nada disso. Albert era alemão e era seu primo; foi ela quem teve de fazer o pedido de casamento porque era rainha. O que eu mais gostava na história dela era o fato de ter se tornado rainha tão jovem, com apenas 18 anos, e depois se casou com 20, mas nunca perdeu sua ingenuidade. Apesar de ser a pessoa mais poderosa do mundo, ela escreveu em seu diário que estava loucamente apaixonada, como se fosse uma adolescente, que ficou observando o "belo rosto" de Albert na manhã após o casamento e que eles conversavam sobre ópera, arquitetura e exposições. Odeio quando as mulheres escondem sua verdadeira natureza; você pode fazer bobagens, apaixonar-se loucamente, chorar no cinema, ou cantar na chuva, por mais poderosa que se torne.

Quando Albert morreu de febre tifoide, com apenas 42 anos de idade, a rainha escreveu que estava com "o coração partido". Ela jamais se recuperou. Nunca imaginei que as rainhas também pudessem ficar com o coração partido.

Outro fato interessante: o primeiro nome da rainha Vitória era Alexandrina, em homenagem ao neto de Catarina, a Grande, o czar Alexandre I, que era um Romanov e derrotou Napoleão.

Nós precisávamos de uma rainha poderosa ou de um Romanov para lidar com todos os problemas da Síria. Vocês talvez não saibam, mas muitos anos atrás nós tivemos uma rainha poderosa na Síria; sua imagem está nas notas de quinhentas libras sírias. Ela se chamava Zenóbia e era descendente de Cleópatra. Ela nasceu no século III d.C., em Palmira, e como a rainha Vitória também subiu ao trono muito jovem, com 20 e poucos anos, e teve seu próprio império, o Império Palmirense. Era tão audaciosa que desafiou o poder de Roma, o maior império do mundo, conquistando o Egito, a Síria, a Palestina, partes da Ásia Menor e o Líbano. Uma mulher fez tudo isso. O Daesh deve odiá-la!

Passamos um ano em Gaziantep, mas as possibilidades de voltar para a Síria pareciam cada vez mais remotas. O Daesh estava se espalhando como uma praga. Eu me recuso a chamá-los de Estado Islâmico, pois quem disse que eles são um estado? Eu poderia dizer que sou Estado Nujeen? É claro que não!

Assim que saímos de Manbij, em agosto de 2014, eles sitiaram a cidade de Sinjar, e milhares de iazidis fugiram para as montanhas depois que o Daesh massacrou centenas de pessoas, incluindo crianças, obrigando-os a se converter à sua versão do islamismo se não quisessem ser decapitados; eles também prenderam centenas de mulheres, para estuprá-las e escravizá-las. Diante daquelas pessoas desesperadas, encurraladas nas montanhas, sem comida ou água, o mundo finalmente resolveu fazer alguma coisa. Os Estados Unidos e a Grã-Bretanha ajudaram as forças iraquianas a resgatar os iazidis pelo ar e, no mês seguinte, os Estados Unidos e alguns países árabes, como a Jordânia, os Emirados Árabes Unidos e o Bahrein, começaram a fazer ataques aéreos na Síria. Um pouco tarde, senhor Obama!

Após o massacre de Sinjar, o Daesh foi em direção a Kobani e todos achavam que fariam a mesma coisa por lá, por isso toda a cidade foi evacuada, incluindo minha irmã Jamila e muitos outros familiares. Só os militantes curdos da YPG ficaram para trás. Nós vimos pelo YouTube: todo mundo fazendo fila na cerca da fronteira, os rostos desesperados como nos filmes de guerra, carregando seus pertences em sacolas e trouxas. Também falamos pelo telefone com algumas pessoas que disseram que parecia o Dia do Juízo Final. Ayee disse que havia sonhado que o Daesh tinha ocupado a cidade. Kobani era uma cidade curda e sempre havia sido, por isso era uma sensação terrível ver o Daesh tentando capturá-la. Eu realmente não queria acrescentar mais uma coisa ruim à nossa história, como se não bastasse o massacre de Halabja. Nós, curdos, somos realmente os órfãos do mundo. Como sempre faço para me acalmar em situações desesperadoras, eu me voltei para o capítulo do Alcorão, ou sura, de que mais gosto: Ya-Seen, que chamamos de coração do Alcorão, e que para mim é bastante reconfortante.

Parentes começaram a chegar de Kobani, incluindo a tia Shamsa e o tio Bozan, e em pouco tempo nosso apartamento em Gaziantep ficou lotado – 36 pessoas vieram para a nossa casa. Não tínhamos espaço, nem almofadas e cobertores suficientes, por isso passamos aquela primeira noite acordados, conversando, e foi uma sensação bem acolhedora.

Demorou quase cinco meses, até janeiro de 2015, para que o Daesh fosse expulso de Kobani pela YPG e pelos ataques aéreos da coalização liderada pelos Estados Unidos, de forma que as pessoas pudessem voltar para casa. A cidade ficou praticamente destruída pelos combates, mas não nos importávamos se ficassem apenas migalhas, desde que não estivessem sob o controle do Daesh.

Um mês depois, em fevereiro de 2015, aconteceu uma coisa horrível – vimos o Daesh queimar um piloto jordaniano vivo, cujo avião eles haviam derrubado. Eles prenderam o pobre homem em uma jaula, atearam fogo e filmaram tudo. Em maio eles capturaram a antiga cidade de Palmira e decapitaram um arqueólogo de 82 anos de idade que todos chamavam de sr. Palmira porque ele conhecia as ruínas melhor do que qualquer outra pessoa. Eles penduraram o corpo pelos pés, com a cabeça ao lado, no chão, com os óculos. Depois eles começaram a explodir tumbas e templos de 2 mil anos e a destruir estátuas antigas com marretas.

Quanto a Assad, ele realizou eleições e se reelegeu pela terceira vez por mais um período de sete anos. O regime continuava com os bombardeios. Não há um lado bom nessa história.

Enquanto isso, os sírios continuavam a ser mortos. Todas as famílias tinham sua tragédia, e sempre que o telefone tocava ficávamos preocupados. No dia 25 de junho recebemos um telefonema terrível. Tia Shamsa e tio Bozan também se mudaram para a Turquia quando Kobani foi atacada, mas decidiram voltar para o funeral de um parente, o pai do marido da filha deles, minha prima Dilba. Ele havia morrido ao pisar em uma mina deixada pelo Daesh ao ser expulso de Kobani. Minha mãe implorou para que eles não fossem, mas tia Shamsa insistiu em ir, dizendo que aquela seria sua última visita à Síria antes de irem para a Europa.

Nas primeiras horas da manhã, porém, antes do funeral, homens do Daesh que haviam raspado a barba e se vestido como os membros da milícia curda, a YPG, chegaram ao vilarejo de Barkh Botan, ao sul de Kobani, e foram de casa em casa matando as pessoas. Eles deixavam uma pessoa viva de cada família para que contassem o que havia acontecido. Depois explodiram três carros-bomba na periferia de Kobani e saíram matando aqueles que tentavam fugir. Atiradores plantados nos telhados matavam as pessoas que tentavam recuperar os corpos nas ruas.

Meus tios ouviram as explosões e o tiroteio e fugiram de carro. Eles telefonaram para seu filho Mohammed para avisar que o Daesh estava ali perto e não sabiam o que fazer. Depois telefonaram de novo para dizer que estavam aliviados, pois haviam conseguido chegar a um ponto de controle da YPG. Foi a última vez que Mohammed falou com eles. Na verdade, as pessoas que estavam no ponto de controle eram do Daesh e mataram meus tios com um tiro na cabeça. Mortos, simples assim, por nada. Foi o pior dia da minha vida.

Cerca de trezentas pessoas foram assassinadas naquele dia. Não era de surpreender que as pessoas continuassem a fugir da Síria. Até aquele mês de agosto, 4 milhões de sírios como nós haviam deixado o país e outros 8 milhões tiveram que abandonar suas casas, isso é cerca de quarenta por cento de toda a nação. A maioria foi para países vizinhos, como o Líbano, a Jordânia ou a Turquia, como nós, mas esses lugares estavam ficando superlotados e as pessoas viam que aquela situação iria se estender por muito tempo, por isso cerca de 350 mil foram para a Europa. Um mar de gente em movimento, e, pelo que víamos na TV e ouvíamos no noticiário, parecia que a União Europeia não estava conseguindo lidar com a situação. Era tanta gente indo pra lá que só no último mês antes de partirmos a União Europeia havia recebido 32 mil pedidos de asilo.

Bland e Mustafa disseram que, se realmente pretendíamos ir, era melhor ir logo.

A maneira mais fácil de ir seria de avião; pegar um voo para algum país da União Europeia e pedir asilo assim que aterrissássemos. Mas você não pode pegar um voo internacional sem passaporte ou visto, e nós não tínhamos nada disso.

Isso nos deixava com duas alternativas. Havia a rota central do Mediterrâneo via Líbia e através do mar até a Itália, mas era perigosa. Ficamos com inveja quando a Líbia se livrou do coronel Gaddafi em 2011, mas agora o país estava mergulhado no caos, com milícias lutando umas contra as outras, e a nação dividida entre dois ou talvez três grupos. Ouvimos dizer que a polícia ia atrás dos estrangeiros e os jogava em centros de detenção, onde eles eram espancados e pegavam doenças como a sarna. Quando conseguiam sair e encontravam um atravessador, muitas vezes eram amontoados em barcos muito frágeis, que acabavam afundando. Em um desses naufrágios, em abril de 2015, oitocentas pessoas morreram afogadas. A opção mais segura era a rota dos Bálcãs, através da Turquia até a Grécia, que faz parte da União Europeia e, por causa do Tratado de Schengen (tínhamos nos informado a respeito), não havia controles nas fronteiras e você podia passar de um país para outro sem ter que mostrar o passaporte.

O trecho mais fácil de atravessar por terra era entre a Turquia e a Grécia. Há uma fronteira de 206 quilômetros entre os dois países ao longo de um rio que dá para atravessar facilmente, exceto em um trecho de 12 quilômetros em que a fronteira se afasta do rio. Mas a Grécia já tinha seus próprios problemas devido à crise econômica e a última coisa que eles queriam era receber mais migrantes. Por isso, em 2012, eles ergueram uma cerca no pequeno trecho de terra com pouco mais de 3,5 metros de arame farpado, e o apoio de câmeras e guardas. Assim, a única rota terrestre que nos restava era pela Bulgária, e foi por essa rota que Bland havia ido embora.

A distância entre Istambul e a fronteira da Bulgária era de aproximadamente 160 quilômetros, mas o problema era que o último trecho ficava em montanhas densamente cobertas por florestas. As pessoas se perdiam ou morriam de frio no inverno. Estávamos no verão, mas não teríamos como subir por causa da minha cadeira de rodas. Além disso, como o número de pessoas tentando cruzar a fronteira da Bulgária havia aumentado demais, os guardas estavam batendo e colocando cachorros atrás de todo mundo, mandando todos de volta. Bland havia pagado a um atravessador de pessoas para ajudá-lo; ainda assim, ele precisou tentar três vezes até conseguir passar. Quando finalmente conseguiu, ele foi preso em um posto policial perto de Sófia; durante dezoito dias ele ficou nessa cadeia, onde foi roubado.

Na verdade é ilegal prender quem procura asilo. A Convenção da ONU para Refugiados permite que uma pessoa que está fugindo de uma zona de conflito entre em um país sem documentos – somente quando o asilo é negado é que essa pessoa pode ser presa. Mas muitos países da União Europeia estavam fazendo isso há anos – Malta, Itália e Grécia –, e ninguém fez nada.

As condições na prisão búlgara eram terríveis, mas o maior medo de Bland era que eles colhessem suas impressões digitais. Todos os migrantes conheciam a Convenção de Dublin, que determina que uma pessoa deve requerer o status de refugiado no primeiro país de entrada da União Europeia. Assim que você tocar a almofada de tinta com seus dedos e carimbar o papel com eles, ficará imobilizado nesse país, pois significa que entrou com um pedido, mesmo que involuntariamente, e deve ficar até que as autoridades desse país aprovem o pedido de asilo ou o mandem de volta. Ouvimos falar de muita gente empacada em um país onde não queriam ficar e que também não os queria, aguardando que as engrenagens da burocracia desemperrassem.

Bland sabia que precisava evitar que isso acontecesse, por isso pagou propina para não colherem suas impressões digitais e depois foi liberado. Então ele pegou um ônibus até Sófia, onde passou três noites na casa de um amigo. A Bulgária é o país mais pobre da União Europeia e não tinha nada a ver com a Europa que ele havia imaginado. Ele não saiu de casa, pois não queria acabar em um campo búlgaro, onde as condições eram terríveis, inadequadas para seres humanos; os refugiados eram amontoados em quartos superlotados, recebiam pouca comida e só um pouco de água para se lavar. Se a polícia não o pegasse, havia o risco de apanhar de bandidos ligados a partidos de extrema direita, que exigiam a expulsão dos imigrantes.

Por intermédio de seu amigo, Bland entrou em contato com um mafioso que cobrou mais 1300 euros (o euro é a principal moeda dos atravessadores, apesar de alguns aceitarem dólares) para levá-lo a um lugar próximo da fronteira com a Sérvia, onde ele foi mantido em um quartinho durante três dias. Então ele foi acordado às duas horas da manhã e colocado na carroceria fechada de um caminhão de comida com outros trinta refugiados; eles não enxergavam nada e mal podiam respirar.

Quando eles já estavam pensando que morreriam sufocados, o motorista do caminhão parou e os descarregou em um bosque, dizendo que deveriam fazer uma caminhada de duas horas para chegar à fronteira. Um homem mascarado apareceu para guiá-los e na verdade foram quinze horas andando debaixo de chuva fria. Quando finalmente conseguiram chegar à Sérvia, foram entregues aos sérvios que os levaram até Belgrado. Aí, junto com outros três sírios, Bland foi colocado em um trem que seguiria para a cidade de Horgoš, perto da fronteira com a Hungria. Eles estavam começando a relaxar quando a polícia sérvia entrou no trem e disse que eles seriam enviados de volta para a Bulgária. Bland e seus parceiros de viagem ficaram desesperados e, para evitar que isso acontecesse, cada um pagou 50 euros para que a polícia permitisse que prosseguissem.

Quando chegaram a Horgoš, foram para um parque, seguindo as instruções que haviam recebido, mas não viram sinal do atravessador que deveria encontrar com eles. Eles esperaram a noite inteira no parque e às 7h da manhã ele finalmente atendeu o celular. O atravessador mandou que eles ficassem onde estavam, dizendo que um carro viria buscá-los, mas isso só aconteceu no dia seguinte. O carro os levou até perto da fronteira, onde a polícia já havia recebido para deixá-los passar; depois eles pagaram mais 1500 euros para ir até Viena em um micro-ônibus. A essa altura, Bland já estava tão desconfiado que começou a acompanhar tudo pelo mapa do Google, para ter certeza de que não estava voltando para a Bulgária. Em Viena, ele pegou um trem para a Alemanha e finalmente pediu asilo.

A ideia era que ele conseguisse residência na Alemanha e então mandasse nos buscar por meio de um processo chamado reunificação familiar. Isso significa que, se um membro da família consegue asilo, pode mandar buscar o resto da família. Mas o número de refugiados era tão grande que ele continuava esperando. Enquanto isso, víamos pela TV que a onda de imigrantes só aumentava e muitos amigos disseram que estava mais fácil fazer a viagem.

Nasrine era muito obstinada e não parava de dizer que devíamos ir antes que a Europa fechasse suas portas, e a família acabou concordando. Nunca pensei que isso aconteceria de verdade e fiquei muito feliz. O grande problema era como faríamos isso. A viagem de Bland havia custado mais de 6 mil euros e durou mais de um mês, com muita caminhada. Eu, Nasrine e a cadeira de rodas não conseguiríamos fazer isso. De qualquer maneira, já não era mais possível fazer a rota pela Bulgária. Com a piora da crise e o aumento do número de refugiados tentando chegar à Europa, o governo búlgaro queria que a União Europeia encontrasse uma solução de longo prazo. Os ministros europeus viviam fazendo reuniões e encontros, mas tudo o que faziam era dizer quanto aquela situação era ruim. Os búlgaros se cansaram e decidiram fazer a mesma coisa que a Grécia havia feito, construindo sua própria cerca para impedir a passagem dos refugiados.

Dessa forma, agora a única alternativa possível era por mar, através do mar Egeu até uma das ilhas gregas, como Lesbos, Samos, Kos ou Quios. Bland disse que encontrou muita gente que havia feito isso. No mapa, não parecia muito longe.

10
Em busca de um atravessador de pessoas

Esmirna, 22 de agosto-1º de setembro de 2015

Quando eu vi onde estávamos sentadas no avião, comecei a sacudir a cabeça violentamente. Fileira quatorze, bem no meio. Eu tinha visto muitos documentários a respeito de desastres de avião e sabia que o fundo era mais seguro. É nessa parte que eles guardam as caixas-pretas com o registro de todas as informações do voo. O meio era o pior lugar.

"Não podemos ficar sentadas no meio!", eu sussurrei para Nasrine, quando a aeromoça me levantou e prendeu o cinto de segurança. "Não seja boba", ela disse. "Não podemos sair daqui."

As turbinas foram acionadas e a aeromoça voltou com um cestinho de doces cozidos. O avião começou a correr pela pista do aeroporto de Gaziantep e eu agarrei os braços da poltrona. Eu tinha visto nos documentários que muitos acidentes ocorrem durante a decolagem ou durante a aterrissagem. Quando o avião decolou, fechei os olhos e fiz uma pequena prece. O trem de pouso foi recolhido e, como eu tinha imaginado, tive a sensação de que estávamos em uma montanha-russa de um parque de diversões. Embora eu desejasse morrer no espaço, não queria morrer abaixo da linha de Karman, no limite da atmosfera.

Quando abri os olhos, vi que Nasrine também havia fechado os dela. Só depois eu descobri que minha irmã também estava apavorada, e ela nem tinha informações sobre os desastres de avião! Acontece que, mesmo para alguém que estuda Física e sabe tudo a respeito de forças como elevação e arrasto, não parece natural uma coisa enorme e pesada como essa atravessando o céu.

Depois que decolamos sem acidente e o avião se estabilizou no céu, olhei para fora. Lá embaixo as coisas eram tão pequenas, as pessoas pareciam formiguinhas. Lá em cima, no meio de todas aquelas nuvens brancas e fofas, eu fiquei muito animada por estar andando de avião pela primeira vez na vida. O voo para Esmirna demorava apenas duas horas, e depois chegaria a hora de pousar, que era a outra parte realmente arriscada. Eu tentei não pensar em todos aqueles documentários. No final, nós não sofremos nenhum acidente, mas meus ouvidos estavam explodindo, e eu fiquei sem ouvir direito por um tempão.

Depois eu senti um cansaço terrível e disse para Nasrine que estava com *jetlag*. Ela disse que isso era impossível, pois não tínhamos cruzado nenhum fuso horário. Pegamos um táxi e Nasrine ficou o tempo todo falando pelo celular. Alguns dos nossos parentes já estavam em Esmirna, incluindo nossa irmã mais velha, Nahda, que tinha ido para lá no ano anterior com seu marido, Mustafa, e os pais dele. Desculpem, mas temos muitos Mustafas em nossa família!

O táxi nos levou para um lugar chamado Praça Basmane, no lado oposto ao de uma mesquita e uma delegacia de polícia. Havia sírios por todos os lados e vendedores com pilhas de coletes salva-vidas cor de laranja e câmaras de ar pretas. Mustafa veio ao nosso encontro perto da banca de jornais e nos levou por uma das ruas dos arredores, onde havia pequenos grupos de pessoas sentados na calçada ou ao redor de uma mesa, fumando e bebendo chá, jogando damas ou apenas esperando. Todas tinham mochilas do lado, algumas dentro de sacos de lixo pretos para protegê-las da água.

Nós paramos em um hotel surrado onde minha irmã e os parentes estavam alojados no porão. Alguns rapazes me carregaram escada abaixo. O lugar era uma bagunça – estava cheio de gente, de colchões e de pacotes de biscoitos vazios. Nahda estava esperando por nós junto com suas quatro filhas – Slav era a mais velha, com nove anos, e Helaz era um bebezinho, que nunca tínhamos visto; também estavam ali alguns parentes de Mustafa que viajariam conosco. Mustafa ficaria em Esmirna porque os pais dele eram idosos e não tinham condições de fazer uma viagem como aquela; seu sobrinho Mohammed cuidaria de Nahda (também temos muitos Mohammeds!).

Eles haviam passado duas noites naquele lugar. Alguém nos trouxe sanduíches, pois estávamos morrendo de fome, e enquanto comíamos um dos primos nos disse que na noite anterior tinha aparecido um gato no porão. Um gato! Eu surtei. "Eu não vou dormir aqui", disse. Estava tão cansada e estressada por causa do animal que nem reparei que algumas pessoas do grupo ficaram horrorizadas ao verem minha cadeira de rodas. Nahda não havia contado aos parentes. Eles não conseguiam imaginar como faríamos a travessia de bote com ela.

Depois de mais alguns telefonemas, nós fomos levadas para a casa de um conhecido, tio Ismael. Eram duas horas da tarde, mas eu estava tão cansada que acabei dormindo no sofá sem dizer uma palavra a ninguém.

Quando acordei, vi uma porção de gente que não conhecíamos. *Estou encrencada*, eu pensei, porque todos vão querer saber por que sou do jeito que sou, por que nasci antes do tempo e tudo mais. Essa é a parte que mais detesto quando conheço gente nova. Não disse nada. Eu poderia fazer uma palestra a respeito de tudo o que sei. Eu poderia contar que, pelo fato de não poder me desenvolver fisicamente, eu compensei a deficiência com o desenvolvimento intelectual e aprendo coisas novas todos os dias. Mas isso seria estranho. Em vez disso, fiquei olhando para o chão, e eles provavelmente devem ter pensado que eu era autista.

Então eles começaram a perguntar para a minha irmã por que tinha fugido levando uma pessoa como eu e como conseguiríamos enfrentar uma jornada como aquela com uma cadeira de rodas. "Não tínhamos escolha", Nasrine respondeu.

O bote para a Grécia estava sendo organizado pelo tio Ahmed, que havia nos trazido de Manbij em seu carro; ele também iria embora com a esposa, tia Shereen. Nossos primos Mohammed, Dilba e Helda, cujos pais tinham sido mortos em Kobani, também iriam, assim como Farmana, esposa de Mohammed, e outros primos e seus filhos. No total, seríamos dezenove adultos e onze crianças – acho que aos dezesseis anos eu ainda podia ser considerada criança.

Nós pensávamos que ficaríamos em Esmirna por pouco tempo, mas era evidente que a organização da viagem levaria mais tempo do que havíamos imaginado. Fiquei feliz quando nos mudamos de novo para um hotel, apesar de nos custar uma parte do nosso precioso dinheiro. Nós fomos para o Hotel Daria, que em curdo significa "mar"; eu e Nasrine ficamos no quarto 206, que é o número de ossos do corpo humano. O hotel ficava perto da praça Basmane, para onde íamos todos os dias. Eu tinha a impressão de que todo mundo estava negociando alguma coisa pelos celulares. Parecia uma agência de viagens a céu aberto, com os refugiados tratando sobre passagens com os atravessadores ou seus agentes. Fiquei chocada ao descobrir que a maioria dos atravessadores era composta de sírios, principalmente de uma cidade chamada Azaz, que tem má fama. Os que não estavam negociando botes pareciam estar vendendo ou comprando coletes salva-vidas. Além das pilhas que havia na praça, eles eram vendidos em todas as lojas da área, até mesmo nas de sapatos e de kebabs. As lojas de roupas exibiam os coletes salva-vidas nos manequins, por cima das roupas, como se fossem peças da moda.

O tio Ahmed nos levou para almoçar no Café Sinbad, onde todo mundo podia trocar informações e arrumar passagens. Meu primo Mohammed me carregou pela escada até o primeiro andar, onde ficava o Café, e algumas pessoas fizeram cara de espanto, pois eu já tinha passado da puberdade. Comemos pão sírio e kebabs, mas a maioria das pessoas estava apenas fumando e tomando chá, tentando economizar dinheiro.

Vimos Angela Merkel, a chanceler da Alemanha, na TV. Quase todo mundo estava querendo ir para a Alemanha por causa dos benefícios concedidos aos migrantes; ou então para a Dinamarca ou a Suécia. As notícias eram boas. Naquela manhã, o governo de Merkel havia postado uma mensagem no Twitter dizendo que os sírios não estariam mais sujeitos à Convenção de Dublin, por isso seríamos aceitos na Alemanha mesmo que tivéssemos sido registrados em outro país.

Era engraçado. Depois de todos os documentários de guerra a que tinha assistido, sempre imaginei que os alemães fossem os malvados, e agora eles eram nossos salvadores. Talvez a senhora Merkel estivesse tentando reparar o passado e compensar o que Hitler havia feito ou talvez fosse diferente pelo fato de ter crescido na Alemanha Oriental, atrás do Muro de Berlim, que foi construído quando ela tinha sete anos.

Todas as pessoas do Café estavam tentando conseguir passagens para a Grécia. Alguns, como nós, tinham chegado até ali por estrada e depois por avião. Outros haviam feito todo o trajeto pela estrada. Muitos diziam que haviam vendido tudo o que tinham para chegar até ali, incluindo casas e relíquias de família, ou tinham pegado dinheiro emprestado. Um homem disse que encontrara uma pessoa que havia vendido o próprio rim para custear a viagem.

Alguns já haviam tentado fazer a travessia. Encontramos uma família que não havia conseguido porque o bote estava superlotado e afundou rapidamente. Mas eles estavam tentando de novo. "Ou você morre por causa dos bombardeios na Síria ou morre no mar", o pai falou, dando de ombros. Embora a travessia do mar Egeu fosse muito mais curta e bem menos perigosa que a do mar aberto entre a Líbia e Lampedusa, pelo menos cinquenta pessoas haviam se afogado durante o percurso somente naquele ano. "Não há mais vida possível na Síria", disse outra pessoa. "É como estar em uma casa em chamas – é arriscado pular pela janela, mas qual é a alternativa?"

O preço geralmente era de aproximadamente 1000 dólares por pessoa, mas alguns diziam que era melhor conseguir um barco de madeira, que era mais caro. Nós estávamos tentando conseguir algum tipo de iate motorizado por causa da minha cadeira de rodas, pois todo mundo achava que seria muito pesada para um bote – mais uma vez, eu era um estorvo. Mahmud, primo de Mustafa, chegou a dizer que eu não deveria levá-la.

Enquanto meu tio Ahmed procurava recomendações de atravessadores, os demais saíram para comprar coletes salva-vidas. Um colete bom custava 50 euros. As pessoas do Café tinham nos alertado para não comprarmos coletes baratos feitos ali mesmo; custavam 15 euros, mas eram recheados com espuma ou embalagens, que absorvem a água e não flutuam. As filhas de Nahda ficaram animadas experimentando os coletes, menos uma, que chorou. Seguindo o conselho das pessoas do Café, compramos também um pacote de balões de festa. Eles nos disseram que a melhor maneira de proteger os preciosos celulares durante a travessia era colocá-los dentro dos balões.

Quando atravessamos a praça, na volta para o hotel, as pessoas pareciam ansiosas, falando nervosamente ao celular. "Você precisa decidir agora, os lugares estão acabando", ouvimos um homem dizer. "Nunca perdi um passageiro", dizia outro.

Todos os dias ao entardecer, as pessoas formavam filas na praça para pegar os ônibus de turismo que as levariam para fazer a travessia, como se estivessem saindo de férias.

Como se já não fosse ruim o bastante precisar de um barco especial por causa da minha cadeira de rodas, Nasrine e eu estávamos atrasando o grupo porque Shiar deveria transferir a quantia para pagar a nossa passagem, mas o dinheiro não chegava. Eu sabia que Mahmud e algumas outras pessoas estavam dizendo que deveriam ir sem nós.

O dinheiro finalmente chegou, e tio Ahmed telefonou para dizer que havia encontrado um barco adequado; nós iríamos na noite seguinte. Era difícil acreditar que finalmente estávamos indo. Não tínhamos muito o que organizar, mas Nasrine arrumou nossa mochila de novo para ter o que fazer e colocou o celular para carregar.

No dia seguinte ficamos esperando o celular tocar e nada. Toda hora olhávamos para ver se estava ligado, apesar de sabermos que estava. Então meu tio ligou e disse a Nasrine que o atravessador não estava atendendo o telefone. Ficamos acordadas até tarde, imaginando que a qualquer momento receberíamos uma ligação, e nada. Às duas horas da manhã ainda não tínhamos recebido nenhum telefonema e decidimos que aquilo era um mau sinal.

Depois de dois dias percebemos que o homem havia desaparecido e, como muitas pessoas, nós havíamos sido enganadas. Tio Ahmed havia feito um depósito, felizmente não muito alto.

A mesma coisa aconteceu de novo. Ficamos esperando, esperando, porque não era fácil encontrar um barco adequado. No final de agosto começamos a nos preocupar. Ouvimos falar que o mar estava ficando agitado, as ondas, cada vez mais altas, e a água, cada vez mais fria, e começamos a entrar em pânico. Quanto mais esperássemos, mais perigoso ficaria. Nós sabíamos que os outros achavam que éramos culpadas pela demora. No final tio Ahmed disse que teríamos que ir em um bote, mas iríamos pagar mais para termos um só para a nossa família. Ficou decidido que, se tivéssemos problemas com a cadeira de rodas, nos livraríamos dela. Ninguém disse o que aconteceria comigo.

Dessa vez meu tio fez as coisas de outra maneira. Para evitar as trapaças, havia sido desenvolvido um sistema de pagar um terceiro, que só liberaria o dinheiro para o atravessador quando as pessoas estivessem em segurança do outro lado. Funcionava assim: o dinheiro era pago a uma "agência de seguros", que fornecia um código numérico. Ao chegar à Grécia, a pessoa telefonava e informava o código para o agente, e ele fazia o pagamento. Mas, se um passageiro não telefonasse depois de três dias, o atravessador também podia pegar o dinheiro, ou seja, eles recebiam mesmo se a pessoa morresse afogada.

Em comparação com outras pessoas, nós tivemos sorte na nossa experiência. Conhecemos uma família com um filhinho pequeno e uma bebezinha de dez dias dormindo no terraço da frente da mesquita porque eles haviam perdido tudo. Eles nos contaram que eram de Deraa, cidade onde havia começado a revolução, e foram embora às pressas quando a casa deles foi destruída durante um bombardeio. Rasha deu à luz no meio do caminho. Demoraram vinte dias para chegar a Esmirna e pagaram 2700 dólares a um atravessador para fazer a travessia, mas ele sumiu com o dinheiro.

Como eu disse quando falei dos princípios de Nujeen, não gosto de acreditar que as pessoas sejam ruins por natureza, mas, quando conheci gente como esses atravessadores, confesso que fiquei em dúvida. Eles tiravam dinheiro de gente que já tinha perdido quase tudo e os deixavam mendigando. E também havia aqueles que embarcavam as pessoas, até mesmo crianças, em botes abaixo dos padrões. Não gosto de julgar ninguém, mas que tipo de gente manda as pessoas para a morte e ainda lucra com isso?

Isso me fez lembrar de uma discussão que tive com Nasrine em 2006, quando estávamos em Alepo, após a execução de Saddam Hussein. Fiquei confusa porque senti pena. Quer dizer, todos sabemos o que Saddam fez contra os curdos – para nós essa era uma questão pessoal. Mas Nasrine me disse que não era vergonha nenhuma sentir pena; o que nós queríamos era justiça e não vingança, e, de qualquer maneira, ele não deveria ser executado durante o feriado do Eid.

No Ramadã antes de deixarmos a Turquia, apresentaram um programa na TV sobre os versos do Alcorão e como eles foram revelados ao Profeta (A Paz esteja com Ele). Um deles é a história de um etíope que matou o tio do Profeta, Hamza, o Bravo, com uma lança. O Profeta o perdoou, então o homem se tornou muçulmano e depois usou a mesma lança para matar um falso profeta. Fiquei muito feliz com o fato de o Alcorão sustentar minha visão quanto à boa natureza das pessoas.

Mas os atravessadores realmente colocaram essa visão à prova. E eles ganhavam muito dinheiro. Eu calculei que, se as pessoas estavam pagando em média 1000 dólares cada uma e se o atravessador conseguisse espremer sessenta pessoas em cada travessia, ganhava 60 mil dólares por travessia. Mesmo descontando o custo do bote, as comissões para os agentes e o ônibus até a praia, eles deviam ganhar pelo menos 30 mil dólares por travessia. Trezentas mil pessoas haviam atravessado daquela forma até aquela data naquele ano – isso representa milhões de dólares!

No Café Sinbad acompanhávamos as notícias pela CNN e pela Al Arabiya. A maioria das reportagens parecia tratar da "crise dos refugiados" e mostrava multidões chegando às ilhas gregas, à Macedônia, Hungria e Áustria, exatamente para onde estávamos indo.

No dia 31 de agosto vimos outra coletiva de imprensa da senhora Merkel , conclamando a União Europeia a melhorar sua postura. "Se a Europa falhar na questão dos refugiados, então não será a Europa que desejamos", ela disse. "Vivemos em condições ordeiras, bastante ordeiras", ela acrescentou. "Muitos de nós desconhecem a sensação de exaustão total somada ao medo." Ela concluiu dizendo: "*Wir schaffen das*, nós podemos fazer isso". Eu gosto dessa mulher. Talvez ela se torne nossa rainha Zenóbia.

Finalmente, em nosso décimo dia em Esmirna, recebemos o tão esperado telefonema. Tio Ahmed havia encontrado um barco para nos levar até Lesbos. Era nossa vez de ir.

11
A rota da morte

De Behram para Lesbos, quarta-feira, 2 de setembro de 2015

Passava da meia-noite quando o ônibus finalmente nos pegou na praça Basmane, onde estávamos todos esperando havia horas com nossos pertences e coletes salva-vidas. Outros grupos já tinham saído e nós continuávamos ali. Quando finalmente chegou nossa vez, meu primo Mohammed me carregou e eu disse a Nasrine para ficar de olho na cadeira de rodas; como algumas pessoas não gostavam da ideia de levá-la, tinha medo de que a deixassem para trás. Durante a longa viagem de ônibus, muitas pessoas dormiram.

De repente, o ônibus parou e abriu a porta. Guardas-civis turcos entraram com lanternas acesas nas mãos, como naqueles velhos filmes de guerra com os nazistas procurando judeus. O que poderíamos dizer? Dissemos a verdade, que éramos sírios fugindo da guerra. Eles falaram que deveríamos voltar. O ônibus fez a volta e pegou a estrada no sentido de Esmirna. Eu não conseguia acreditar que estávamos voltando depois de tudo o que tínhamos passado.

Mas o motorista era um bom homem. Depois de rodar por alguns quilômetros ele parou e disse que deveríamos descer e esperar até que outra pessoa viesse nos buscar. Eram 5h da manhã. O lugar em que ele nos deixou era uma fábrica de azeite abandonada. Nós ficamos amontoados perto das paredes, tremendo de frio no escuro, com medo de sermos vistos de novo por alguma luz da estrada. Eu vi que Nahda estava chorando. Uma de suas filhinhas tinha ficado no ônibus. Felizmente o motorista percebeu e, alguns minutos depois, trouxe a menina de volta.

Assim que o sol nasceu, meu tio começou a ligar para o atravessador, mas ele não atendia. *De novo, não!*, eu pensei. O brilho do sol começou a ficar insuportável, e eu fiquei com medo de termos entrado em um infindável círculo vicioso de enganação.

Finalmente o atravessador respondeu, e depois de nove horas, por volta das 14h, apareceram cinco táxis para nos pegar. Eles nos levaram pela estrada principal, com vista para o mar, pegaram a saída em direção a Assos e pararam junto a um olival.

"Uau!", eu disse quando me pegaram e me colocaram na cadeira de rodas. Dentro do táxi, estávamos muito apertados para ver a paisagem externa, mas agora podíamos admirar os campos verdes salpicados de pedras cinzentas e oliveiras que se estendiam colina abaixo até o mar de um azul cintilante. Eu fiquei olhando ao redor, maravilhada. Ali perto, em cima de um rochedo, estavam as antigas colunas de Assos e as ruínas da escola de filósofos de Aristóteles. Do outro lado do mar, uma ilha rochosa. "Aquela é a Grécia", disse tio Ahmed.

Nasrine digitou no celular as coordenadas que haviam nos dado sobre o ponto de partida e começamos a descer até a praia. O Google disse que ficava a 1,7 quilômetro de distância, o que não era longe, mas não podíamos ir pela estrada, pois poderíamos ser vistos facilmente, e tivemos que descer pelo meio do olival. A descida era difícil e acidentada; Nasrine e um dos meus primos tiveram de me carregar por quase todo o trajeto, pois era impossível empurrar a cadeira.

Comecei a sentir muitas dores nas costas por causa dos solavancos constantes, mas eles não se cansavam de dizer: "Você é a rainha, rainha Nujeen em sua cadeira". Eu me senti como aqueles antigos monarcas que eram carregados em liteiras, como o rei Herodes, que vi em um filme que contava a história de José, que chamamos de Yusuf.

Quando chegamos à praia, ela não era coberta de areia como eu havia imaginado, de forma que não dava para usar a cadeira. Nós pensávamos que estávamos no lugar certo, pois havia roupas, fraldas, remédios espalhados pela praia, e também coletes salva-vidas velhos, evidências deixadas por refugiados por toda parte.

Acabamos descobrindo que tínhamos ido parar em um ponto usado por outro atravessador. O lugar certo ficava a cerca de 800 metros dali, mas havia um rochedo no caminho, e não dava para contornar. A única alternativa era subir a colina e depois descer de novo. Já era difícil subir, mas descer com a cadeira era simplesmente impossível. Todo mundo estava irritado e morrendo de calor. Um grupo já havia descido e estava lá embaixo esperando; eles perceberam nossa dificuldade e seis marroquinos decidiram subir para ajudar. Eles tinham uma corda e amarraram a cadeira, para me descer como num sistema de roldanas.

Quando finalmente conseguimos chegar à praia já eram cinco horas da tarde, e o sol estava se pondo. Essa praia também estava cheia de detritos de refugiados, mas nós não nos importamos. Estávamos cansados e felizes por estar ali. Alguns botes iriam sair, mas eles nos disseram que o nosso só partiria de manhã e que teríamos de dormir no olival. Por isso passamos outra noite fria ao relento. Eu nunca tinha ouvido as ondas baterem na praia; fiquei escutando as ondas e o som da brisa nas árvores e acabei adormecendo.

O atravessador, que era turco, mas curdo, e por isso confiávamos nele, chegou na manhã seguinte com os botes "Made in China" para nós e para outros grupos que também estavam esperando. Quando inflaram nosso bote tio Ahmed ficou muito bravo. Tínhamos pagado mais para ter um bote novo e era evidente que aquele bote era usado, pois tinha um grande remendo no fundo. Além disso, a potência do motor era de apenas 20 cavalos, quando o normal é 30. O atravessador deu de ombros. O que podíamos fazer? Certamente não podíamos voltar para Esmirna e começar todo o processo de novo.

Às 11h da manhã os quatro botes estavam preparados e nós estávamos prontos com nossos coletes salva-vidas, mas o atravessador disse que estava esperando a guarda-costeira turca se afastar.

Ficamos esperando o dia inteiro, sem nada para beber ou comer além de alguns cubos de açúcar e Nutella, e sem nada para fazer além de olhar para a água do mar que precisávamos atravessar. Ficamos cansados e tiramos os coletes salva-vidas. À tarde, o vento ficou mais forte, e as ondas, mais altas. Comecei a pensar que iríamos morrer na praia. Por volta das 16h30 o atravessador mandou que todos colocassem os coletes salva-vidas e que os pilotos de cada bote ficassem prontos. No nosso caso, o piloto era o tio Ahmed, mas os outros grupos pareciam não ter percebido que não teriam um piloto e que precisavam escolher alguém. Então, às cinco da tarde ocorreu a troca da guarda e chegou a hora de partirmos. Nahda se despediu do marido, pois Mustafa ficaria para cuidar de seus pais.

Os motores foram acoplados aos botes, que foram levados para a água; todos tiveram de ir andando pela água rasa para depois subir a bordo, e algumas pessoas carregavam crianças pequenas. De repente percebi que era a única na praia. Na pressa para ir embora, até mesmo Nasrine tinha entrado no bote. "E eu?", gritei.

Nossos amigos marroquinos ainda estavam esperando pelo bote deles, por isso me carregaram na cadeira até o bote.

"Adeus, Turquia", eu disse enquanto o tio Ahmed ligava o motor.

À ESQUERDA: Meu irmão Bland e eu. Ele sempre esteve comigo em cada evento importante da minha vida.

À DIREITA: Na minha casa em Manbij, em 2002, aos 3 anos, usando um vestido branco muito especial com o qual Yaba (meu pai) havia me presenteado após a peregrinação Hajj até a Mecca.

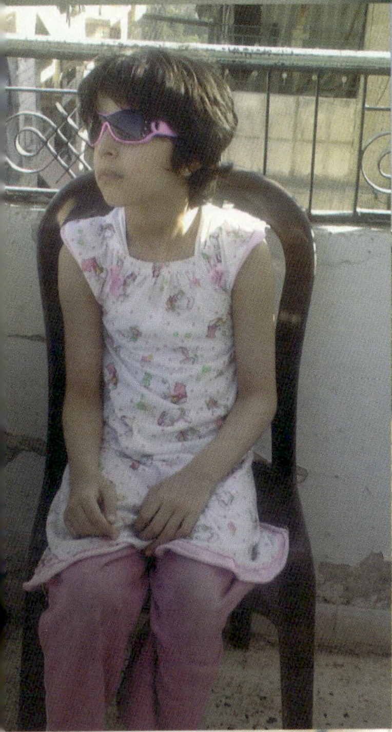

ACIMA, À ESQUERDA: No terraço no nosso apartamento em Aleppo – minha única interação com o mundo lá fora.

ACIMA, À DIREITA: No Newroz de 2009 – nossa tradicional celebração curda de Ano-Novo – que era nossa única oportunidade para sair. O regime nos fazia ir a uma região montanhosa fora da cidade.

AO LADO: Yaba (meu pai) e Ayee (minha mãe) em vestimentas tradicionais curdas.

EPA

ACIMA E À ESQUERDA: Minha mãe e eu às margens do rio Queiq para um piquenique em família em 2009. O rio flui por Aleppo e, em 2013, foi o cenário de um terrível massacre no qual 110 corpos apareceram baleados na cabeça.

À ESQUERDA: Aqui estou eu em um churrasco em família à beira do rio Eufrates para celebrar o Newroz de 2011, logo antes de a revolução e a guerra varrerem o país. rio Eufrates

ABAIXO: Depois de uma série de operações em 2010.

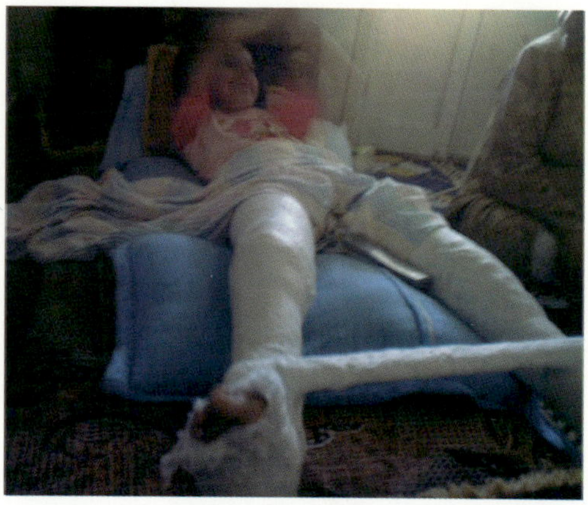

LOUAI BESHARA/AFP/GETTY IMAGES

Presidente Bashar al-Assad e sua esposa britânica Asma, em 2003. Quando ele tomou posse após a morte de seu pai, Hafez, em 2000, tínhamos grandes esperanças, que logo sucumbiram.

RAMZI HAIDAR/AFP/GETTY IMAGES

Aleppo, com suas fortalezas seculares ao fundo.

Grande parte da cidade virou entulho e centenas de milhares de pessoas fugiram.

GEORGE OURFALIAN/AFP/GETTY IMAGES

JOHN CANTLIE/GETTY IMAGES

HANDOUT/ALAMY STOCK PHOTO

ACIMA: Uma das maiores demonstrações de oposição ao regime se deu em julho de 2011, no Hama, depois das preces de sexta-feira, e foi brutalmente dispersada. A cidade foi cenário de grandes repressões por parte de Hafez al-Assad em 1987, matando cerca de 10 mil pessoas.

À ESQUERDA: Militantes do Estado Islâmico do Iraque e do Levante – também conhecido como Daexe – ocuparam a Síria em 2014 e se estabeleceram na cidade de Raqqa.

Desembarcando na praia em Lesbos depois de fazer a travessia da Turquia em um bote em 02 de setembro de 2015.

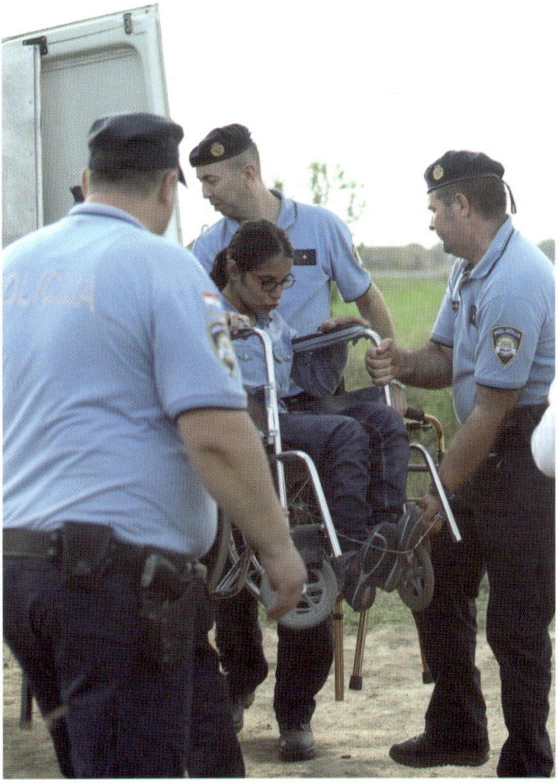

Sendo levada pela polícia croata em uma van da penitenciária. Estávamos morrendo de medo de sermos fichadas e obrigadas a pedir asilo lá.

ABAIXO: Conversando com o repórter da BBC, Fergal Keane. Eu disse a ela que gostaria de ser uma astronauta.

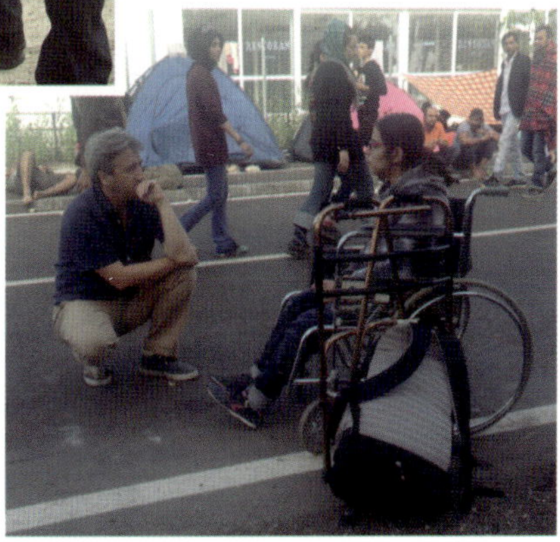

ABAIXO: A fronteira sérvio-húngara. Nós chegamos lá justamente quando a Hungria fechou as fronteiras e parou de deixar as pessoas atravessar, nos deixando encurraladas e obrigadas a encontrar uma nova rota.

Enfim na Alemanha, mas esperando em uma fila durante quatro horas por um ônibus até o acampamento. Era o aniversário de Nasrine, 21 de setembro de 2015.

Cansada, entediada e esperando para ver meu irmão! Em um campo de refugiados na Alemanha, na cidade de Rosenheim.

À DIREITA: Quase no fim da nossa jornada, em um trem para Cologne.

ABAIXO: Reunidos! Nasrine e eu com Bland em nossa nova casa em Wesseling.

ABAIXO: Encontro com a embaixadora norte-americana Samantha Power em Berlim, em junho de 2016.

ABAIXO: A antiga cidade de Palmira, que era governada pela rainha Zenobia, costumava ser nosso passeio turístico favorito. Ela foi tomada pelo Daexe em 2015 e muitas construções seculares foram destruídas, incluindo o Arco do Triunfo, que tinha mais de 800 anos.

No zoológico de Cologn, Alemanha, vendo os animais que eu conhecia por causa dos documentários aos quais assistia dia e noite em Aleppo.

Jogando basquete em cadeiras de rodas com minha nova cadeira na Alemanha, em junho de 2016.

Exilados de seu país: meu irmão Mustafa e meus pais em Gaziantep, em abril de 2016. Sinto muitas saudades deles.

Do mar, a ilha parecia muito mais distante. Nosso bote cinza-escuro era muito pequeno. Apesar de termos pagado mais para irmos só em nosso grupo de 38 pessoas, o que era muito melhor do que os cinquenta ou mais que tínhamos visto amontoados nos botes que saíram antes, estávamos bem acima do dobro da capacidade máxima de 15 pessoas descrita nas caixas. E, com minha cadeira, eu me sentia meio esmagada.

Como tudo o que eu estava fazendo, aquela era minha primeira vez em um bote. Eu sentia como se tivesse seis anos de idade e não dezesseis. "Por que você está tão nervosa?", Nasrine perguntou. "Não estou nervosa. Estou muito empolgada fazendo tantas coisas pela primeira vez", eu disse. "Não é empolgação, é medo", ela respondeu. "Não tenha medo." Ela nunca havia demonstrado seu próprio medo porque sabia que tudo o que fizesse me afetaria. Ela conhecia o mundo exterior, e era dela que eu tirava todas as pistas sobre como reagir a tudo.

Comecei a respirar fundo como havia aprendido no National Geographic assistindo a *Teste o seu cérebro* e olhei para todos à minha volta. Estávamos havia dois dias sem dormir direito, tínhamos ficado o dia inteiro debaixo do sol sem nada para beber. Meus três primos cujos pais tinham morrido estavam quietos e tristes. A maioria das pessoas estava de olhos fechados, orando. Nasrine estava agachada no chão, tentando manter minha cadeira equilibrada.

Minha irmã mais velha, Nahda, não conseguia olhar para o mar. A bebezinha e suas três filhas pequenas estavam chorando e ela estava tentando acalmá-las. Nahda estava muito estressada. Tinha decidido tirar suas filhas daquele ambiente envenenado pela guerra e levá-las para um lugar onde pudessem retomar sua vida, ir para a escola, mas agora aquilo parecia uma responsabilidade grande demais para uma mulher de 32 anos, sozinha, e ela se perguntava se havia feito a coisa certa.

Tio Ahmed tinha a testa enrugada, tentando dirigir o bote. Ele havia passado os últimos dois dias em Esmirna assistindo a vídeos no YouTube para aprender. Na saída ele acelerou demais o motor e nós disparamos, depois seguimos em zigue-zague até ele conseguir corrigir a rota. "Cuidado!", tia Shereen gritou quando uma onda quebrou e a água entrou pelas laterais. O mar estava muito menos calmo do que parecia naquela tarde. No começo até que foi agradável sentir a água fria depois de ter ficado o dia inteiro embaixo do sol quente. Mas a camiseta com as palavras "Jovem Para Sempre Amor", que eu estava usando havia dias, estava ficando encharcada. Conforme as ondas nos jogavam para cima e para baixo, alguns dos meus primos começaram a vomitar. Outros começaram a chorar e a gritar "Ai, meu Deus!".

Houve um momento em que uma onda nos jogou para um lado e minha tia perdeu a bolsa com todos os seus pertences. Parecia que estávamos muito abaixo do nível do mar. Meus primos usaram os sapatos para tirar a água de dentro do bote. Algumas pessoas jogaram coisas fora, mas não tínhamos tantas coisas assim. "Jamais deveríamos ter trazido a cadeira de rodas", disse Mahmud.

Senti que deveria me preocupar – eu sabia que aquela água poderia ser o nosso túmulo. E, evidentemente, eu não sei nadar. Nunca havia estado na água. Nenhum de nós sabia nadar. No entanto, sentada na minha cadeira de rodas, acima de todos os outros, eu procurei me ver como se fosse Poseidon, Deus dos Mares, em sua carruagem. Tentei pensar no hipocampo, com seu formato de cavalo-marinho, e imaginei que através da névoa eu podia ver as nereidas, as filhas de Poseidon, montadas em cavalos-marinhos, rindo, com os longos cabelos balançando ao sabor do vento.

Sorri com esse pensamento. "Veja, Nahda, que lindo!", eu disse, enquanto éramos jogados para cima e para baixo. Eu ria cada vez que éramos atingidos por uma onda, apesar de ficarmos encharcados. "Você precisa de um psiquiatra, rindo nesta situação", alguém gritou. Na verdade, eu também estava rezando, mas silenciosamente.

Estávamos tão preocupados com nosso bote que não vimos o que aconteceu com os outros três que saíram junto conosco. Mas Mustafa, que subiu no penhasco para nos acompanhar com um binóculo, ficou horrorizado. O primeiro barco virou por causa das ondas. O nosso foi o segundo a sair. O terceiro conseguiu completar quase todo o percurso, mas virou perto da ilha e as pessoas tiveram de ir nadando. O quarto foi interceptado pela guarda-costeira turca. Mustafa estava chorando quando telefonou para o meu pai, pois não sabia se éramos nós. Na verdade, ficamos em melhor situação porque fomos com menos pessoas do que os outros botes, e as aulas de tio Ahmed pelo YouTube se mostraram úteis. Ele foi contra as ondas, e não a favor delas, e nos fez sentar nas laterais, onde as ondas batiam no bote, para impedir que ele subisse e virasse.

Depois de algum tempo uma neblina encobriu tudo e não conseguimos mais ver a ilha de Lesbos. Fiquei torcendo para estarmos indo na direção certa. Mahmud não parava de olhar para a minha cadeira. Eu sabia que havíamos concordado que ela seria jogada no mar caso oferecesse perigo, mas ele não faria uma coisa dessas.

Procurei ficar atenta aos piratas e à guarda-costeira turca, mas aparentemente as únicas pessoas no mar eram refugiados. Centenas de pessoas estavam fazendo a travessia todos os dias, e havia outros dois botes não muito atrás de nós. Eu não me dei conta de que a morte chegara muito perto de nós. Bastaria que minha cadeira de rodas fizesse um pequeno furo no bote ou que uma grande onda nos atingisse para afundarmos.

Foi isso o que aconteceu a outra família síria que atravessou mais cedo naquele dia. Nós não sabíamos, mas outro bote igual ao nosso havia cruzado aquelas mesmas águas agitadas um pouco mais ao sul, da península de Bodrum para a ilha de Kos. Levava dezesseis sírios, incluindo um barbeiro chamado Abdullah Kurdi, sua esposa Rehanna, e seus dois filhos pequenos, Ghalib, de cinco anos, e Aylan, de três. Como nós, eles eram curdos de Kobani e sonhavam começar uma nova vida na Alemanha.

Apesar de a travessia para Kos ser curta, com apenas 6,5 quilômetros, ainda mais curta do que a de quase 13 quilômetros entre Behram e Lesbos, o mar mais ao sul é muito mais exposto e, depois de uma hora balançando sobre as ondas, o bote virou ao ser atingido por uma onda maior. Abdullah tentou segurar sua pequena família, mas eles foram levados pela água. Ele continuou procurando desesperadamente durante três horas, mas não conseguiu encontrá-los. Onze passageiros morreram afogados, cinco deles eram crianças.

No dia seguinte, a foto do pequeno Aylan Kurdi estendido em uma praia da Turquia com o rosto virado para baixo, a camisa vermelha e a bermuda azul correu o mundo. Quando vi a foto no Facebook, fiquei pensando que poderia ter sido eu. Tive que desligar o celular e respirar profundamente. Tive que dizer para mim mesma que ele era um inocente, e agora estava no céu e feliz.

Quando conversei com minhas irmãs, todas nós concordamos: se tivéssemos ficado sabendo disso antes de atravessarmos, teríamos voltado para Gaziantep.

Para uma pessoa normal, a travessia de balsa entre a Turquia e Mitilene, capital de Lesbos, custa 10 euros e demora uma hora e meia. Para fazer a mesma travessia como refugiados, demoramos dez dias e gastamos 1500 dólares cada um.

Estávamos no mar havia três horas e meia, o sol estava se pondo, e nós, começando a tremer de frio, quando vimos a ilha surgindo à nossa frente como uma gigantesca pedra negra. Logo começamos a distinguir pessoas esperando na praia. “Alguém aqui sabe falar inglês?”, uma voz perguntou. “Eu sei!”, respondi. Todo mundo olhou pra mim. Esse foi um momento decisivo na minha vida, ainda mais importante do que o dia em que Nasrine me disse que não havia nada de errado em sentir pena pela execução de Saddam. Foi a primeira vez que falei inglês com um verdadeiro falante da língua.

12
Liberdade como uma pessoa normal

Lesbos, 2 de setembro-9 de setembro de 2015

Foi como se eu tivesse tomado um banho de água salgada. Quando o bote bateu na praia cheia de pedras, rostos amigáveis e mãos estendidas nos esperavam com toalhas, garrafas de água e pacotes de biscoitos. Alguns dos meus parentes estavam atordoados demais para sair do bote por sua própria conta, e voluntários entraram no mar para nos ajudar. Eles ficaram surpresos ao verem minha cadeira de rodas, mas a ergueram e me levaram para a praia. Disseram que era a primeira vez que viam um refugiado cadeirante.

Minha tia Shereen beijou a praia e começou a rezar. Outros se abraçaram ou abraçaram os voluntários. Nahda estava chorando. Alguns começaram a andar pela praia. Um dos meus primos se lembrou de furar o bote com uma faca, pois o atravessador nos disse que, se estivesse em condições de voltar para o mar, a guarda-costeira grega poderia nos mandar de volta. Um pescador pegou o motor.

A pessoa que havia perguntado se alguém falava inglês era um fotojornalista espanhol. Ele me perguntou como tinha sido a viagem.

"Eu gostei porque acho que não terei uma oportunidade dessas de novo", eu disse.

"É a primeira vez que você vê o mar?", ele perguntou.

"Sim, e achei lindo", eu disse, sorrindo.

"O que você espera da Europa?", foi sua última pergunta.

Eu pensei um pouco porque era uma coisa importante. "Espero ter liberdade como uma pessoa normal", eu respondi.

Nós tínhamos desembarcado em um lugar chamado Skala Sikamineas, um pequeno vilarejo de pescadores no norte da ilha de Lesbos, ponto de chegada de muitos botes. Nós sabíamos que a Grécia enfrentava dificuldades econômicas e por isso ficamos muito surpresos com a amabilidade das pessoas. Entre os voluntários que nos receberam na praia havia três senhoras de preto que trouxeram leite aquecido para a bebezinha de Nahda e isso me fez lembrar da minha avó em Kobani. Depois nós descobrimos que seus pais, como os de muitos habitantes de Lesbos, também haviam chegado ali em botes como refugiados depois da guerra de independência turca; eles foram obrigados a fugir de Esmirna, que era uma cidade majoritariamente grega, devido aos ataques dos soldados turcos, que massacraram os gregos e incendiaram o centro histórico. Milhares de gregos fugiram cruzando o mar Egeu.

As três senhoras nos levaram pela praia até um pequeno porto com barcos pesqueiros muito coloridos e uma igrejinha branca conhecida como Nossa Senhora Sereia, onde havia muitas pessoas comendo e bebendo em torno das mesinhas espalhadas na frente dos bares. O vilarejo era tão lindo que parecia um cartão-postal. Do outro lado havia um centro comunitário com uma sala cheia de roupas doadas pelos moradores. Tiramos nossas roupas molhadas e endurecidas pelo sal e vestimos outras limpas e secas. Não havia nada do tamanho certo, e nos divertimos com as crianças usando camisetas muito largas.

Os voluntários disseram que poderíamos pegar um ônibus na manhã seguinte para a cidade de Mitilene, onde os refugiados deviam se registrar para continuar a viagem. Nesse meio-tempo, teríamos que passar a noite na rua, na beira da estrada onde o ônibus iria parar, pois não havia lugar para dormirmos. Meu inglês estava sendo muito útil. Eu era uma espécie de tradutora oficial do grupo. Pela primeira vez na vida, todo mundo precisava de mim!

Então apareceu uma pessoa que desembestou a falar em grego. Ficamos sabendo que havia acontecido uma tragédia e o bote que vinha atrás do nosso tinha afundado. "Os marroquinos!", eu disse, com o coração partido.

O dia começou a escurecer e, antes de fazer qualquer outra coisa, precisávamos comer, pois estávamos mortos de fome. Fomos até um café que ficava perto de uma amoreira e eu pedi um sanduíche, que me pareceu muito esquisito e com um sabor bem estranho. Eu achava que qualquer comida ocidental teria uma apresentação tão bonita quanto às que eu havia visto no *Masterchef*. "O que é isto?", perguntei para a garçonete. "Não se preocupe, não é porco", ela disse. "É peru." De qualquer maneira o gosto era horrível. Para mim, a comida ocidental parece sempre crua porque a comida curda é bem cozida.

Pra variar, Nasrine reclamou que eu estava sendo manhosa, mas foi atrás de um lugar onde pudesse comprar biscoitos. Quando voltou, ela contou que havia encontrado um sírio que lhe dissera que ele e sua família haviam tentado cruzar pela Bulgária, como Bland havia feito, mas ficaram perdidos na mata durante dez dias. Acabaram ficando sem água e saíram da floresta, foram presos e enviados de volta à Turquia. Então decidiram cruzar o mar até a Grécia, mas a cerca de 3 quilômetros da praia o bote virou e eles tiveram de seguir nadando. Nós percebemos que havíamos tido muita sorte.

O caminho que ia do vilarejo até a estrada era extremamente íngreme, e seria muito difícil para Nasrine me empurrar, mas as autoridades locais haviam decretado que era ilegal dar carona aos refugiados. Um voluntário turco chamado Sardar, que estava comendo em outra mesa do restaurante, ouviu nossa conversa e disse: "Ela não pode ir até lá". Ele foi até a delegacia e conseguiu uma autorização especial para nos levar, mas o resto do grupo teve de caminhar alguns quilômetros. Mais uma vantagem da deficiência!

Infelizmente, essas vantagens também só me levaram até ali. Sardar nos deixou na beira da estrada por onde passaria o ônibus e me deu o número de seu celular. Havia uma espécie de estacionamento onde outros refugiados estavam dormindo. Era nossa terceira noite ao ar livre e seria a pior porque estávamos no sopé de um precipício. Foi uma noite terrível. Eu me lembrei dos desenhos do *Papa-Léguas* e me imaginei sendo esmagada por uma pedra gigantesca que caía do alto. Tentei dormir na cadeira de rodas, mas não consegui. Eu estava tensa e machucada por causa de todos os solavancos durante o caminho do olival e na travessia de bote.

Então o dia raiou e o sol surgiu no céu como uma grande bola amarela. Alguém gritou: "Nujeen!". Para nossa alegria, eram os marroquinos que tinham nos ajudado. Eles contaram que o bote tinha mesmo virado, mas eles sabiam nadar e conseguiram chegar até a praia. Senti um alívio imenso.

Ficamos esperando pelo ônibus durante muito tempo e nem sinal dele. O dia começou a esquentar muito e algumas pessoas saíram andando, mas Lesbos é uma ilha grande, e o campo de refugiados ficava a quase 50 quilômetros. Nasrine disse que me empurraria, mas calculei que levaríamos dias até chegar lá e que derreteríamos naquele calor de quase 40 graus.

Felizmente meu celular funcionou e eu consegui falar com Sardar. Ele tomou providências para que uma voluntária chamada Kristine fosse nos buscar. Ela chegou por volta do meio-dia em um carro amarelo carregado de provisões para os refugiados, como água e biscoitos. O carro estava tão cheio de coisas que foi difícil entrar. Não havia como levar Nahda e as crianças, por isso Kristine disse que voltaria para buscá-la. O resto da família já tinha ido a pé.

Foi uma longa viagem de uma hora por uma estrada sinuosa, mas o caminho era lindo. Seguimos por uma estrada cheia de curvas à beira-mar, passando por uma fileira interminável de refugiados. O outro lado da estrada era coberto por oliveiras e, mais além, por montanhas. Kristine nos disse que a ilha era famosa por suas oliveiras. Isso me fez lembrar do tio Bozan e fiquei triste. Passamos por um antigo castelo bizantino e comecei a distinguir os arredores de uma cidade com casas de pedra e telhados de telha – Mitilene. Kristine nos deixou em um café e eu pedi um chocolate quente em inglês. Esperamos duas horas enquanto ela voltava para pegar Nahda e suas filhas.

Para passar o tempo, ficamos observando os turistas, com sua pele da cor de lagosta cozida, usando óculos de sol enormes e chapéus de palha, rescendendo a óleo de coco e tomando coquetéis coloridos. Pensei em como aquele cenário era enganador; as pessoas estavam aproveitando suas férias sem se dar conta de que muito perto dali havia famílias que fugiram da guerra e dos bombardeios dormindo na estrada.

Moria é o principal campo de refugiados em Lesbos. Ficamos chocadas ao chegar. Era uma antiga base militar e parecia uma prisão, com paredes altas e arame farpado. E havia tanta gente. Um funcionário do campo usou uma caneta para anotar números em nossos punhos e nos levou para uma tenda lotada de gente. O lugar era imundo, e muitas pessoas pareciam estar doentes, com tosse ou com problemas de estômago. Quando vimos o banheiro, ficou evidente que não era adequado para mim – não havia onde uma pessoa com deficiência pudesse segurar.

O resto do nosso grupo ainda estava caminhando pela estrada em direção ao campo, mas não havia condições de ficarmos ali. Kristine nos levou para outro campo, chamado Pikpa, que havia sido montado por uma instituição de caridade para os doentes e os mais necessitados. Deveria se destinar às famílias sírias, mas havia afegãos e iraquianos. Pikpa tinha bangalôs de madeira, mas eles estavam cheios, por isso os voluntários nos levaram para uma barraca tamanho família, medindo cerca de 12 metros quadrados. Ali ficamos eu, minhas duas irmãs, minhas quatro sobrinhas e Mohammed, o sobrinho de Mustafa que deveria cuidar de Nahda.

Perto de nós havia outra família síria com uma garotinha cujos olhos estavam muito vermelhos e infeccionados. Eles nos contaram que o bote tinha virado por causa de uma falha no motor e eles haviam ficado onze horas na água até serem resgatados. Outra família nos contou que entrou tanta água no bote que eles começaram a jogar tudo fora, inclusive uma bolsa com joias e dinheiro, por isso não tinham mais nada.

Nós recebemos colchonetes para dormir, mas havia gente dormindo sobre papelão. O campo ficava perto do aeroporto, por isso, além do barulho das crianças, ficávamos ouvindo os aviões. Eu me lembrei de Manbij e dos bombardeios e cobri os ouvidos. Odiei aquele lugar. Era quente demais durante o dia e infestado de mosquitos à noite. As filhas de Nahda não paravam de choramingar, e minhas irmãs não paravam de reclamar da falta de higiene. Havia lixo espalhado por toda parte e os outros refugiados o chamavam de Selva. Havia sanitários separados para homens e mulheres, mas não chuveiros. Apenas uma cortina separava homens de mulheres, e o cheiro era tão desagradável que ninguém conseguia aguentar mais do que cinco minutos. Eu percebi que muitas mulheres usavam lenços e reclamavam que não podiam fazer os rituais de limpeza e purificação que costumamos fazer antes das orações. Alguns dos homens se lavavam no mar. Nasrine e Nahda queriam lavar nossas roupas, mas havia uma fila enorme para usar a pia.

Todas as pessoas que encontrávamos ficavam olhando para a minha cadeira de rodas e perguntavam como eu tinha conseguido chegar ali. Uma das voluntárias disse que tinha me visto na TV. Aquela entrevista que dei ao chegar tinha me tornado famosa! É engraçado porque vivo esquecendo que estou em uma cadeira de rodas. Sempre que me imagino em alguma atração turística, como o Museu Victoria and Albert, de Londres, eu me vejo andando. Esqueço que estarei em uma cadeira de rodas com alguém me empurrando.

Bland havia nos dito que a primeira coisa que devíamos fazer assim que chegássemos a um novo país era comprar um cartão SIM. Encontramos pessoas vendendo esses cartões, chips de celular e garrafas de água no portão, e havia uma área do campo para carregar os aparelhos, mas era preciso ficar na fila – todo mundo queria carregar o celular. As crianças recebiam lápis coloridos para desenhar e alguns dos desenhos estavam expostos. Muitos deles mostravam casas com figuras de famílias inteiras coladas na frente da porta e bombas passando por cima. Um dos desenhos mostrava uma flor sangrando.

Quando estávamos esperando nossos celulares carregarem foi que ficamos sabendo o que havia acontecido com o pequeno Aylan Kurdi. Eu me recusei a olhar para a foto, pois sabia que não me faria psicologicamente bem.

A semana que passamos em Lesbos foi bem difícil. Os gregos tinham de lidar com sua própria crise. O país estava falido, e metade da população jovem não conseguia arrumar emprego. A última coisa de que precisavam eram refugiados. Como era de se esperar, havia pouca coisa para comer no campo. Eles nos deram espaguete, mas não tínhamos como cozinhar. Todos os dias minhas irmãs compravam tomate, uma espécie de salame feito de carne e um pouco de pão para fazer sanduíches. Depois de uma semana disse a mim mesma que iria ficar pelo menos um ano sem comer salame. Nasrine reclamou que os gregos mantinham os refugiados ali deliberadamente para ganhar dinheiro e movimentar a economia.

Mas os voluntários eram muito amáveis e estavam simplesmente sobrecarregados pela quantidade de gente. Em pouco tempo haveria 37 mil refugiados na ilha, quase metade da população do país. Mohammed foi até a cidade para se informar a respeito do horário das balsas e do preço das passagens e disse que viu muita gente dormindo nas ruas e nos parques.

Meu inglês estava sendo muito útil, e eu estava contente, pois aprendi a língua de uma maneira muito difícil, sem livros ou aulas. Um dia uma voluntária me pediu que servisse de intérprete para uma senhora curda cuja filha estava doente. Ela estava com uma infecção renal, e eles queriam que eu explicasse como ela deveria tomar o remédio. Depois disso, a mulher não parava de me agradecer. "Estou tão feliz, você é um anjo!", ela disse. Tudo graças a *Days of our Lives*!

Apesar de estarmos todos tentando fugir da guerra, acho que tanta gente desesperada, amontoada e querendo ir para outro lugar pode gerar tensões, e as brigas eram inevitáveis. Para ir da ilha de Lesbos para terra firme era preciso ter um documento do governo grego concedendo permissão para que você ficasse por três semanas. Os gregos haviam montado um sistema para agilizar o processo dos sírios para apenas dois dias, enquanto para outras nacionalidades podia levar mais de um mês. É claro que isso incomodava os outros, particularmente os afegãos e os iraquianos, que também estavam fugindo da guerra. Um dia houve uma comoção. Aconteceu uma grande briga e afegãos e iraquianos colocaram fogo no centro onde estava toda a documentação para protestar contra o tratamento especial dado aos sírios.

Isso desacelerou o processo para todo mundo. Nahda estava ficando realmente irritada, com receio de que suas filhas ficassem doentes com o calor e a sujeira e ficava me pedindo que conversasse com as pessoas e telefonasse para Sardar e Kristine. Finalmente, no sétimo dia, fomos informados de que a polícia estava vindo e que deveríamos nos reunir na praça central. Os policiais gregos pegaram nosso nome, data de nascimento e local de origem. As pessoas estavam com medo de serem fichadas por causa da Convenção de Dublin, apesar de os alemães terem dito que isso não tinha importância.

Quando chegou nossa vez, eu fui a tradutora. Expliquei que éramos curdos, que havíamos fugido de Alepo e que não tínhamos documentos. Foi difícil me concentrar porque havia uma xícara de café em cima da mesa do policial e eu não conseguia parar de olhar para ela porque senti muita vontade de tomar o café.

No fim do dia tínhamos conseguido a preciosa permissão. Dizia que as autoridades gregas não exerceriam seu direito de nos prender e era válida por três semanas. Aquele papel parecia um dos bilhetes dourados do Willy Wonka. Não havia razão para continuarmos ali. Naquela noite sairia uma balsa que em doze horas nos deixaria em Atenas por 60 euros cada um. Mas acabamos ficando mais uma noite porque Mohammed se esqueceu de levar nossas permissões quando foi comprar as passagens. Os outros parentes, que estavam em Moria, acabaram seguindo viagem sem nós.

No dia seguinte pedimos um táxi para as 20h, antes do pôr do sol, mas ele não veio. Esperamos na entrada do campo. O guarda tinha seis cachorros e eu fui ficando nervosa. O táxi só chegou à meia-noite e nos levou até o porto. Descemos em frente a um edifício antigo muito bonito, como aqueles que os europeus ricos tinham séculos atrás, e eu fiquei imaginando quem poderia ter morado ali.

A balsa para Atenas sairia às 3h da madrugada e o terminal estava lotado de refugiados esperando. Algumas pessoas haviam montado pequenas barracas e estavam dormindo. Nahda e suas filhas ficaram juntinhas, sentadas na escada do prédio da alfândega. Quando eu estava quase cochilando na minha cadeira, surgiu um bando de cachorros, talvez doze ou treze, que se aproximou de nós. Inacreditável. Parece até que esses animais selvagens me perseguem.

Nasrine procurou me tranquilizar. "Calma", ela disse. "Veja aquele filhotinho bonitinho."

"Não é um filhotinho bonitinho. É um monstro", eu resmunguei.

Então nós vimos a balsa se aproximando com suas luzes verdes acesas. Era tão grande, parecia um prédio de vários andares. Eu não conseguia imaginar como uma coisa enorme como aquela conseguiria entrar no porto. Comecei a pensar que teríamos de ir até ela em pequenos barcos, mas a balsa se aproximou e atracou direitinho no píer.

Por fim, às 4h da manhã a polícia disse que poderíamos embarcar. Eles nos levaram para o começo da fila, de forma que fui a primeira a entrar na balsa. Eram cinco andares – os nossos lugares ficavam no terceiro, e pelo menos dessa vez pudemos subir de elevador.

Ouvi o barulhinho do motor e então senti a balsa se movimentando. Nasrine foi até o deque superior para ver o sol surgindo entre os telhados de terracota de Mitilene enquanto nos afastávamos da costa.

Eu estava muito empolgada. Era a primeira vez que andava de barco. E estávamos indo para o berço da democracia. Mas o cansaço falou mais alto. Não tínhamos nem sequer saído do porto quando peguei no sono.

13
Através do Portão Lindo

Atenas para Macedônia, 10-15 de setembro de 2015

Olhei fixamente para o anjo na parede do quarto do hotel como se pudesse fazê-lo voar. Talvez pareça maluquice, mas a coisa que eu mais queria era fazer aquela viagem como todas as outras pessoas.

Nossos outros parentes tinham ido para o norte, até a fronteira da Macedônia, com medo de que a polícia fechasse a fronteira porque milhares de refugiados estavam se concentrando ali. Tio Ahmed, tia Shereen e todos os nossos primos tinham partido antes mesmo de nós chegarmos a Atenas.

Os parentes do marido de Nahda estavam esperando pela nossa chegada na balsa desde o dia anterior. Eu estava empolgada por desembarcar em Atenas, mas o porto de Pireu era enorme e confuso, e o cheiro de peixe era tão forte que senti vontade de vomitar. Enquanto Nasrine me empurrava pela rampa, vimos um acampamento de refugiados miserável feito de tendas improvisadas no cais. Também ouvimos gritos – um grupo de trabalhadores protestando contra a privatização do porto. Então, como sanguessugas, os atravessadores apareceram perguntando: "Quer voar, ir por terra, precisa de passaporte?". Tentamos pegar um táxi, mas eles estavam cobrando o triplo do valor que nos haviam dito que custaria. Felizmente, um dos parentes de Nahda nos ajudou a pegar um trem, o que foi bem complicado por causa da cadeira, mas muito mais barato. Às vezes parece que todo mundo está tentando enganar os refugiados.

Os parentes de Nahda estavam em um apartamento sem janelas e com paredes engorduradas que havia sido providenciado pelo atravessador que recebera para levá-los até a Macedônia. Eles prepararam ovos e tomates para nós enquanto Mohammed saiu para tentar encontrar um quarto de hotel nas proximidades; às 10h da manhã do dia seguinte eles pegariam um ônibus que os levaria até a fronteira com a Macedônia. Como refugiados, não é tão fácil conseguir um hotel. Geralmente eles nos mandam embora ou cobram mais porque não temos documentos. É como se acreditassem que somos criminosos ou pessoas indecentes, e nós somos iguais a todas as pessoas, só que perdemos nossas casas. Nós ficamos em um lugar chamado New Dream Hotel. Nosso quarto tinha luzes azuis e a pintura de um anjo sobre a cama. Nahda ficou com os parentes do marido, pois iria com eles. Eles nos compraram pão e salame halal; nós abraçamos Nahda e nos despedimos de todos, trocando votos de boa viagem.

Agora éramos só eu e Nasrine, as duas irmãs, e não os três mosqueteiros. Era a primeira vez na vida que precisaríamos nos virar sozinhas, sem contar que estávamos em uma cidade grande estrangeira. Liguei a televisão, um velho aparelho de TV com imagem em branco e preto, e zapeei pelos canais à procura de alguma coisa em inglês. Quando finalmente encontrei, era um programa da MTV chamado *I*

Used to Be Fat. Deitei na cama e me lembrei da época em que morávamos no quinto andar do prédio em Alepo.

Ouvi água correndo no banheiro e um grito de Nasrine: "Água quente!". Era a primeira vez em onze dias, desde que saímos de Esmirna, que podíamos tomar um banho decente. "É tão bom me sentir limpa", Nasrine falou. Agora só precisávamos encontrar roupas limpas. Ainda estávamos usando a mesma coisa que usávamos quando chegamos a Lesbos.

Nossa família não havia simplesmente nos abandonado à nossa própria sorte. Shiar pegaria um avião para vir ao nosso encontro e tentaria arrumar passaportes falsos para nós, o que teoricamente não seria difícil de conseguir em Atenas; com esses passaportes poderíamos comprar passagens de avião direto para a Alemanha, evitando assim a longa jornada por terra. Todos achavam muito difícil seguir por terra em uma cadeira de rodas. Talvez pensassem que nós os atrasaríamos.

Senti uma grande tristeza. "Quer saber de uma coisa, Nasrine? Quero fazer essa viagem como as outras pessoas", eu disse. "Você sabe o que isso significa?"

"Sim, eu sei", ela respondeu.

Shiar não demorou a chegar, e, como sempre, falando muito. Ele disse para ficarmos no quarto, com as cortinas fechadas. Isso era muito chato, pois eu estava louca para ver a Acrópole. Não dava pra acreditar que estávamos naquela cidade tão cheia de história, o berço da democracia, da Filosofia e de Aristóteles, e teríamos de ficar escondidas. Mas Nasrine insistiu que não deveríamos sair. As pessoas falavam de ataques cometidos por membros de um partido chamado Aurora Dourada contra refugiados; o nome pode parecer inofensivo, mas eles fazem parte da ultradireita, cujo símbolo da bandeira lembra a suástica nazista.

As sirenes não paravam de tocar. Atenas parecia uma cidade saudável, com seus cafés e bares, mas reparamos que havia muitos moradores de rua. A crise fiscal tinha deixado metade da população jovem sem emprego, e aqueles que podiam estavam indo embora do país. A Grécia estava em uma situação tão ruim que precisou ser socorrida duas vezes por instituições internacionais e tinha acabado de aceitar pela terceira vez uma ajuda financeira com condições duríssimas impostas pelos alemães. Os bancos estavam fechados. Diariamente ocorriam protestos na praça Sintagma, diante do parlamento, com a polícia usando gás lacrimogêneo para dispersar a multidão. Acompanhei tudo isso pela TV, nos intervalos de meus programas favoritos de sempre. Eu estava tentando superar minha aversão por noticiários, pois precisávamos saber o que estava acontecendo na trilha de migrantes.

Shiar e Nasrine saíram comigo apenas uma vez. É claro que não me levaram para ver o Partenon, só a um restaurante turco para comer um kebab. A cidade me pareceu muito velha e bem mais oriental do que ocidental. Vimos muitos idosos jogando dados. As letras do alfabeto grego no cardápio eram muito estranhas, como o hebreu. Estava escuro quando saímos do restaurante, mas havia pessoas espalhadas por toda parte. Foi a primeira vez que vi uma cidade tão vibrante à noite, mas me lembrou de Alepo. Tentei não pensar no que estaria acontecendo por lá. Sei que Nasrine foi ver no Facebook.

Todos os dias, enquanto Shiar ia até a praça Victoria tratar com os atravessadores, eu e Nasrine estudávamos os mapas da Europa no celular e checávamos os grupos do Facebook para migrantes, como o "The Safe and Free Route to Asylum" [Rota Livre e Segura para o Asilo], que dava muitas dicas sobre o que os refugiados precisavam e também indicava as melhores rotas. De vez em quando eu olhava para o anjo e suplicava para que ele me ajudasse a fazer o caminho normal.

Às vezes Deus atende a nossas preces. Depois de alguns dias, Shiar nos disse que era muito difícil e muito caro conseguir os passaportes, e que ele não sabia o que fazer.

Eu e Nasrine olhamos uma para a outra. "E se nós fôssemos por terra?", ela perguntou.

Yes! Da prisão para a liberdade total. Eu sabia que essa seria uma experiência única na minha vida. Eu terei algo para contar aos meus netos, como os meus pais, que contavam como tinha sido o ano de 1973, quando tivemos a guerra contra Israel – eles costumavam dizer que foi um ano ruim, o ano da guerra. Seria duro para Nasrine, que teria de me empurrar, mas muito divertido.

E pelo menos uma vez na vida eu seria como todas as outras pessoas.

Pegamos o trem das 16h30 para Tessalônica na estação principal, uma viagem de seis horas. Era a primeira vez que eu viajava de trem. A maioria dos refugiados ia até a fronteira de ônibus por ser mais barato; ainda assim a plataforma estava cheia deles, muitos com crianças pequenas; havia também muitos turistas de bermuda e camiseta com suas mochilas. O trem era todo coberto de grafites. Todo mundo se amontoou nas portas, e eu fiquei imaginando como conseguiríamos entrar, mas alguém nos ajudou e conseguimos encontrar dois lugares. Todos os assentos pareciam muito gastos. Alguém nos contou que a ferrovia grega estava perdendo tanto dinheiro que, se eles dessem a todos os passageiros a tarifa do táxi em vez de administrarem os trens, perderiam menos dinheiro. Fiquei observando a paisagem, encantada com os campos banhados de luz, com as montanhas verdes, com as andorinhas pretas cortando o céu e com o sol cada vez mais avermelhado. Era maravilhoso. O trem ia tão rápido em relação a tudo o que estava do lado de fora que me fez pensar na teoria da relatividade. "O que aconteceria se o trem se movesse na velocidade da luz?", eu perguntei a Nasrine. "O que nós conseguiríamos ver?". Ela explicou que, devido a uma coisa chamada dilatação do tempo, o tempo ficaria fixo e você chegaria aonde quer que estivesse indo sem perceber a passagem do tempo por qualquer coisa que não estivesse se movendo com você. Por isso, o sol que nós víamos iria ficar sempre vermelho como no pôr do sol. Eu não entendi direito, mas pensei em fazer uma pesquisa depois. Então ela disse que simplesmente não poderíamos viajar na velocidade da luz. Em outras palavras, ela queria que eu ficasse quieta.

Ela foi buscar alguma coisa para bebermos, e minha imaginação começou a vagar, como gosta de fazer se eu não a controlo. Eu não conseguia parar de pensar em filmes nos quais o trem cai no abismo. Se aquilo acontecesse e eu perdesse Nasrine, como chegaria à fronteira sozinha?

Felizmente, isso não aconteceu. Escureceu lá fora e nós tentamos dormir. Começou a circular um rumor de que a polícia grega estava expulsando os refugiados do trem, pois nossos papéis não permitiam que viajássemos tão longe em direção ao norte. Algumas pessoas se trancaram nos banheiros, mas a polícia não apareceu. Finalmente chegamos a Tessalônica. Como era noite, já não havia mais ônibus para ir até a fronteira. Então as pessoas começaram a negociar com os motoristas de táxi. "Não somos turistas", um homem disse em voz alta, reclamando dos preços altos. Algumas pessoas decidiram passar a noite na estação e pegar um ônibus na manhã seguinte, mas nós queríamos continuar e por isso pagamos 100 euros para ir de táxi.

Nós tínhamos visto no Facebook que não seria possível cruzar a fronteira à noite, por isso o motorista nos levou até uma cidadezinha chamada Evzoni, que ficava perto. Ficamos no Hotel Hara – o último hotel na Grécia. Ou o primeiro, dependendo de onde você vem. Um letreiro no estacionamento exibia um grego de calças brancas segurando um fez vermelho e dizendo "Bem-vindos à Grécia".

O hotel era um lugar meio degradado à beira da estrada que estava prestes a fechar quando foi salvo pela crise dos refugiados. Agora havia sempre gente chegando e partindo. Algumas, como nós, pernoitavam. O hotel havia transformado seu bar em um minimercado, vendendo sardinhas em lata e biscoitos, além de fraldas e toalhas umedecidas para bebês. Estávamos morrendo de fome e fomos até o restaurante. O salão tinha lâmpadas fosforescentes, como os hospitais em que eu havia estado, e tudo parecia meio amarelo. Pedimos pizza, e foi a primeira vez que usei garfo e faca na vida. Foi muito estranho, pois é haram, ou seja, proibido para os muçulmanos comer com a mão esquerda, de forma que tentei usar tanto o garfo como a faca com minha mão direita.

Dali podíamos ver ao longe as luzes dos cassinos macedônios, onde os gregos iam jogar à noite, apesar de não gostarem da Macedônia e acreditarem que as terras desse país deveriam ser deles. É por isso que eles dizem que Alexandre, o Grande, é grego, quando na verdade é macedônio. Eles nem sequer usam o nome Macedônia, dizendo apenas FYROM (Ex-República Iugoslava da Macedônia). Ainda assim eles podiam atravessar a fronteira normalmente. Nós tínhamos de passar por um campo.

Na manhã seguinte havia uma mensagem de Nahda enviada para Nasrine pelo WhatsApp. "Conseguimos!", dizia a mensagem. Eles já estavam na Alemanha, depois de uma viagem de cinco dias. "Está vendo? Não pode ser tão difícil", eu disse para Nasrine.

Antes de retomarmos nossa viagem, precisávamos resolver um problema com meu meio de locomoção. Havia uma tira de borracha que servia de apoio para os pés, mas ela tinha sido arrancada quando descíamos a rampa da balsa. Por causa disso, meus pés agora ficavam pendurados, o que era muito desconfortável. Felizmente encontramos um homem gentil, com um chapéu preto e um pássaro de estimação, que colocou um arame na cadeira para que eu pudesse descansar os pés.

Nasrine foi me empurrando pela estrada principal. O sol estava nascendo e tudo ao redor era muito verde, com colinas cobertas de florestas. Nunca tinha ouvido tantos pássaros cantando, mas fazia muito frio. Sempre fui muito sensível ao frio, desde a época dos meus ataques de asma, e sou a primeira a ficar doente. Nasrine diz que eu atraio os vírus. Não tínhamos certeza de que estávamos indo na direção certa, mas então chegamos a uma via férrea desativada, como Nahda havia descrito, e encontramos uma porção de gente esperando, retidas por policiais vestidos de preto como ninjas. Outros policiais vigiavam do alto de um morro.

Evzoni era uma cidadezinha pacata, mas agora havia sido tomada por milhares de refugiados como nós. Um posto de passagem temporário havia sido montado ali e algumas mulheres gregas estavam distribuindo fraldas e biscoitos. Policiais macedônios, com armas e cassetetes, nos reuniram em grupos de cinquenta pessoas para atravessar. Fomos colocadas em um dos três grupos – que eles chamavam de SIA: sírios, iraquianos e afegãos – que podiam atravessar. Bengaleses, marroquinos, etc. tinham que passar ilegalmente. Nós tivemos que andar por cerca de 800 metros, mas o caminho era bom; mesmo assim íamos mais devagar do que os outros. A polícia grega até ajudou a passar a cadeira de rodas para o outro lado da linha do trem. Não havia nada marcando a fronteira, apenas a linha preta no GPS do nosso celular. Depois soubemos que eles haviam montado um ponto de fronteira improvisado chamado Stone 59.

Depois que entramos na Macedônica, o caminho ficou mais difícil e acidentado. A cadeira emperrava toda hora nas pedras. Felizmente, alguns locais que estavam vendendo biscoitos viram nossa dificuldade e nos ajudaram. Eles viraram minha cadeira e a puxaram.

Era muita gente indo na mesma direção. Algumas pessoas carregavam bebês nas costas ou nos ombros – Nahda devia ter feito isso alguns dias antes. Um homem andava mancando, talvez tivesse sido ferido em algum bombardeio. Ninguém falava. Todos pareciam desesperados. Eu era a única pessoa sorrindo. Todos estavam com pressa porque tínhamos ouvido falar que os húngaros estavam começando a construir uma cerca na fronteira; precisávamos chegar lá rapidamente.

Nós acabamos chegando a um belo campo de girassóis, exatamente como estava descrito no Facebook, com uma trilha bem marcada pelo meio. Nos dois lados havia muito lixo – garrafas de água e sacolas plásticas, sapatos, sacos de dormir –, o que era meio triste porque não queríamos que as pessoas nos odiassem, mas não havia onde jogar as coisas.

Estava indo tudo muito bem até chegarmos a uma vala bem profunda com um córrego que não tínhamos como atravessar. Felizmente, alguns afegãos nos ajudaram a passar. Mas eu parei de sorrir porque os solavancos estavam realmente me machucando quando eu batia as costas na cadeira. Comecei a gemer baixinho e Nasrine sussurrou para que eu ficasse quieta. Eu não gosto de ser carregada porque me sinto muito fraca e odeio isso. Então eles me colocaram no chão de novo. Então começou a cair uma chuva de verão, e eu pude ouvir sapos coaxando, como se estivessem felizes, e os sinos de uma igreja. Depois de uma hora atravessando os campos, chegamos à primeira cidadezinha macedônia, Gevgelija. Como é que se fala um nome desses? Seguimos a indicação de uma tabuleta que dizia "Posto humanitário do governo da Macedônia apoiado pelo ACNUR" e chegamos a uma área com muitos trailers e barracas brancas, e uma fileira de banheiros químicos malcheirosos. O ACNUR (Alto Comissariado das Nações Unidas para os Refugiados) é o órgão da ONU encarregado de dar apoio e proteção aos refugiados. Havia uma multidão esperando. De vez em quando aparecia um homem com uma porção de papéis e lia nomes em voz alta.

Quando os refugiados começaram a ir para a Macedônia, não tinham permissão para usar o transporte público, por isso eram obrigados a pular em trens de carga ou ir com atravessadores, mas alguns foram assaltados por gangues, o que não pegou bem para a imagem do país. Por causa disso, no final de junho o parlamento havia votado e decidido conceder aos refugiados SIA vistos de três dias para permitir que eles passassem legalmente e pegassem um trem até a fronteira da Sérvia.

Não parecia que aquele pequeno posto policial onde tínhamos que conseguir os documentos conseguiria dar conta. Aquele lugar devia ser bem tranquilo antigamente. E, se tivéssemos chegado alguns dias depois, teríamos ficado empacadas ali: por causa desse gargalo, os macedônios acabaram bloqueando a fronteira e começaram a jogar gás lacrimogêneo nos refugiados para impedir que continuassem chegando. Passamos na hora certa.

Além disso, por causa da minha cadeira de rodas, fomos levadas para a frente da fila. Estávamos com um pouco de medo de continuar sozinhas, pois tínhamos sido avisadas sobre bandidos nas florestas, e eu estava sempre dizendo que a Macedônia era a terra de Alexandre, o Grande, e de Gengis Khan (eu fiz confusão com a Mongólia). Outras pessoas acreditam que Alexandre era um herói, mas na minha opinião ele foi um ditador que matou muita gente. Alguns refugiados se referiam ao país como Mafiadônia e diziam que, por questões de segurança, era melhor viajar em grupos e, definitivamente, não em apenas duas irmãs sozinhas.

As pessoas estavam se amontoando em velhos trens cobertos por grafites. Ficamos pensando em como conseguiríamos entrar com a cadeira de rodas. A polícia macedônia disse para não nos preocuparmos. Depois que fizemos nosso registro, eles chamaram um táxi para nos levar até a fronteira da Sérvia por 200 euros, e então nos deixaram passar pelo portão do posto de passagem. Para mim aquele era o Portão Lindo. Estávamos a caminho.

14
Hungria, abra a porta!

MACEDÔNIA-SÉRVIA-HUNGRIA, 15-16 DE SETEMBRO DE 2015

A Macedônia não é um país grande – fomos do extremo sul até o extremo norte em apenas duas horas. Ainda bem, porque todo mundo estava dizendo que os húngaros tinham acabado de construir uma cerca enorme ao longo de sua fronteira e à meia-noite iriam fechar o vão por onde estavam permitindo a passagem, que a partir de então seria criminalizada. Era uma corrida contra o tempo, como em um daqueles programas de TV a que eu assistia.

Primeiro tínhamos de ir da Macedônia para a Sérvia. Andamos cerca de 200 quilômetros no táxi, que nos deixou na cidade fronteiriça de Lojane, nas montanhas do norte da Macedônia. O motorista nos disse que as colinas estavam cheias de velhas trilhas usadas para o contrabando de cigarros, drogas e armas, e eram essas trilhas que os refugiados estavam usando agora.

Lojane era uma cidadezinha com casas cobertas por telhas vermelhas, uma grande mesquita branca e algumas casas de chá; a maioria dos moradores era formada por albaneses, que também haviam fugido da guerra em seu país muitos anos antes. Isso não queria dizer que eles gostavam de imigrantes. Alguns locais ficavam satisfeitos porque sabiam que trazíamos dinheiro – eles sempre nos cobravam mais pela comida e bebida –, mas outros reclamavam alegando que levávamos doenças e criminalidade, e que assustávamos suas mulheres e crianças.

Havia muitos refugiados chegando. Alguns de táxi como nós e outros de trem. Haviam montado um campo conhecido como A Selva (aparentemente, todos os campos de refugiados têm o mesmo nome), mas ninguém ficava ali, apesar do cansaço estampado no rosto. Nós nos juntamos ao que parecia uma estrada humana em direção à fronteira.

A rota passava por uma plantação de repolhos, o que dificultava as coisas, pois havia chovido na noite anterior e o campo parecia um lamaçal. Um homem estava indo para cima e para baixo em um trator na plantação ao lado, com um cigarro pendurado na boca, e em algum lugar havia um galo cantando. Nasrine estava lutando com a cadeira de rodas na lama, mas alguns funcionários de organizações humanitárias holandesas e suíças que estavam distribuindo barras de cereais e garrafas de água viram nossa dificuldade e mandaram quatro refugiados afegãos voltarem para carregar minha cadeira.

"Bem-vindas à Sérvia", disse uma das moças quando os homens me colocaram no chão.

"Este é o país do Novak Djokovic, aquele tenista famoso", eu disse para Nasrine, que ficou em silêncio. Pensei no jovem Gavrilo Princip, cujo tiro havia desencadeado a Primeira Guerra Mundial, e em Radovan Karadžić, o líder sérvio responsável pelo extermínio de milhares de muçulmanos na década de 1990 – então fiquei brava comigo porque mais uma vez estava me lembrando de um cara malvado! Eu não sabia mais nada a respeito da Sérvia.

Levamos aproximadamente meia hora para atravessar a fronteira até Miratovac, que é o ponto de entrada oficial. Oficiais sérvios conferiram os papéis que nos haviam dado na Grécia e na Macedônia. Agora precisávamos de um papel da Sérvia, o que demorou muito. Nasrine não parava de olhar para o relógio. Eu sabia que ela estava tentando calcular se conseguiríamos chegar à Hungria antes do anoitecer.

No início de toda essa crise, a Sérvia havia tentado forçar os refugiados a voltar para a Macedônia, mas no momento em que chegamos cerca de 4 mil refugiados estavam atravessando a fronteira diariamente, e as autoridades haviam decidido que era mais fácil simplesmente nos ajudar a seguir nosso caminho. Eles até disponibilizavam ônibus baratos até a capital, Belgrado, o que significava que não precisaríamos de atravessadores. Fomos atrás das pessoas que estavam subindo por uma estrada areenta até chegar ao topo da colina onde voluntários distribuíam água e sanduíches vegetarianos.

Por volta das 13h pegamos um ônibus. Tivemos que pagar 35 euros, o que era muito menos do que um táxi, mas o veículo estava lotado – havia sírios, como nós, além de iraquianos, afegãos e muita gente da Eritreia. Uma das vantagens de ser deficiente foi que consegui um lugar na frente.

Fiquei olhando pela janela. Outro país, outra língua, outra cultura que não conheceríamos. Foi uma viagem longa, de cerca de seis horas. Eu estava sentindo muita dor nos ombros e braços, e comecei a ficar preocupada. Estava tendo um ataque cardíaco, pois tinha visto no programa do Dr. Oz que esses podiam ser alguns dos sintomas. Cutuquei Nasrine até acordá-la para contar o que estava acontecendo e ela ficou brava. "Você só está cansada", ela disse. "Você não vai ter um ataque cardíaco aos 16 anos!"

Os assentos tinham mesinhas, por isso apoiei a cabeça e tentei dormir, mas não consegui. Então eu tentei me apoiar em Nasrine, mas isso também não funcionou. "Dá um tempo", ela resmungou.

Belgrado é uma grande cidade às margens do Danúbio, e fiquei muito animada. Chegamos por volta das 19h, horário em que as pessoas normais estavam ocupando os bares e cafés para espairecer depois de mais um dia de trabalho. Eles tinham uma aparência severa, talvez porque também haviam tido sua própria guerra civil na década de 1990. Quem sabe um dia nossa vida na Síria também volte a adquirir algum tipo de normalidade.

A próxima parada seria a Hungria e depois voltaríamos para a União Europeia, se conseguíssemos chegar a tempo. Nasrine estava sempre me dizendo para não me preocupar com as coisas, que ela resolveria tudo. Por isso tentei não pensar no que aconteceria se não conseguíssemos passar.

Mais uma vez, fomos atrás de todo mundo. Havia tanta gente na trilha dos migrantes que nem precisávamos dos grupos do Facebook. O parque que ficava perto da estação rodoviária parecia um acampamento, cheio de gente e de barracas entre varais com roupas. Como na praça Basmane, podíamos ver as pessoas negociando com atravessadores nas ruas laterais e carros e vans parando de vez em quando para pegar grupos de pessoas e levá-los até a fronteira húngara.

Nós estávamos tentando economizar para que Mustafa e Farhad não precisassem nos mandar dinheiro e por isso planejávamos pegar um trem. Ao contrário de alguns refugiados que pagavam atravessadores por toda a viagem, nós éramos migrantes do tipo "pague o que usar". Mas Nasrine estava preocupada com o tempo e encontramos um motorista de táxi que disse que poderia nos levar até a fronteira por 210 euros. Nasrine encostou a cabeça na janela, como se estivesse dormindo, mas o motorista sabia um pouco de inglês e eu disse a ele que gostava do Novak Djokovic. Então ele disse que o Djokovic tinha um restaurante não muito longe dali. Eu adoraria ir até lá. Às vezes eu penso que gostaria de não ter de fazer a viagem com tanta pressa.

Eram 22h quando ele nos deixou em uma cidadezinha agrícola chamada Horgoš, o mesmo lugar por onde Bland havia passado alguns meses antes. Eu estava feliz por ter atravessado dois países europeus em um único dia, mas não fomos suficientemente rápidas. Todo mundo estava dizendo que a fronteira estava fechada – chegamos atrasadas.

Não havia nada que pudéssemos fazer, por isso saímos à procura de um lugar para dormir. Muitas pessoas estavam simplesmente se juntando em algum lugar no meio dos campos, mas não queríamos fazer isso. Por volta da meia-noite encontramos uma grande tenda com as letras UNHCR. Lá dentro havia muitos refugiados dormindo, por isso nós também deitamos ali. Fazia muito frio e não tínhamos cobertores; além disso, eu estava meio receosa, pois havia muita gente estranha, de forma que não consegui dormir direito.

Quando acordei, às 8h da manhã, todo mundo estava discutindo o que fazer. O café da manhã foi só uma maçã que alguém me deu. Apesar de a fronteira estar fechada, algumas mulheres estavam dizendo que a polícia húngara tinha deixado algumas pessoas passarem. Nós decidimos que, já que tínhamos ido até ali, devíamos pelo menos tentar.

Teoricamente, deveria haver um ônibus para Röszke, que ficava a alguns quilômetros da passagem. Ficamos esperando por muito tempo e nada; já estávamos quase desistindo e pensando em pegar um táxi quando o ônibus chegou. Do lugar em que descemos até o ponto da passagem tivemos de andar aproximadamente 800 metros ao longo de uma antiga linha de trem; e eu fui sacudindo na cadeira de rodas. Enquanto seguíamos todos – jovens, grávidas, homens carregando crianças nos ombros –, pudemos ver a cerca de arame farpado e ouvimos muito barulho. O espaço por onde os refugiados haviam passado estava fechado e as pessoas estavam protestando.

Quando chegamos lá e vimos aquela multidão investindo contra a cerca e a polícia do outro lado foi que percebi, pela primeira vez, que estávamos no meio de uma grande tragédia. Até então eu pensava naquela viagem como uma grande aventura. Agora eu enxergava que havia muita dor. “Estamos fugindo de uma guerra!”, alguém gritou. Ter de voltar agora depois de tudo o que passamos me parecia algo inconcebível.

Era de se imaginar que um país como a Hungria, que havia sido isolada da Europa Ocidental pela Cortina de Ferro até vinte e cinco anos antes seria o último a construir uma cerca.

Porém, em contraste com a boa acolhida que havíamos recebido na Sérvia, o primeiro-ministro de direita, Viktor Orbán, realmente parecia odiar imigrantes. Ele dizia que a imigração estava alimentando o terrorismo e havia erguido placas com avisos como “Se você vier para a Hungria, não tire os empregos dos húngaros!” e “Se vier para o nosso país, você deve obedecer às nossas leis”. Orbán alegava que a Hungria estava simplesmente tentando colocar em práticas as regras de asilo da União Europeia impedindo que os refugiados prosseguissem. Para isso ele havia erguido uma cerca de arame farpado com mais de 3 metros de altura ao longo dos 177 quilômetros da fronteira com a Sérvia, usando mão de obra de prisioneiros.

Até a noite em que chegamos, eles estavam permitindo que as pessoas passassem por um vão perto da ferrovia desativada, mas que agora estava fechado. Tivemos azar. Até então, 180 mil refugiados tinham passado pela Hungria, como nós tínhamos planejado fazer, seguindo da fronteira, de trem ou de carro, até a Estação Ferroviária Keleti, em Budapeste, e dali de carro ou de trem até a Áustria. Havia muitos atravessadores de gente felizes em ajudar.

Cerca de dez dias antes da nossa chegada, Orbán chegou a redigir um artigo de jornal dizendo que os migrantes representavam uma ameaça para a identidade cristã da Europa. “Eles foram criados em outra religião e representam uma cultura radicalmente diferente”, ele disse. “A maioria deles não é de cristãos, mas de muçulmanos. Essa é uma questão importante porque a Europa e a identidade europeia estão fundadas no cristianismo. Já não é por si só preocupante que a cristandade europeia mal consiga manter a Europa cristã? Não há alternativa, e não temos outra opção senão defender nossas fronteiras."

E não era só o governo. Uma cinegrafista húngara foi filmada esticando a perna deliberadamente para que um refugiado tropeçasse.

Mas Nasrine contou a alguém que eu falava inglês e sugeriu que talvez pudéssemos usar o fato de eu estar em uma cadeira de rodas para convencê-los a abrir o vão novamente. Então fui empurrada até a frente e colocada diante dos policiais com capacetes e escudos. Atrás de mim as pessoas gritavam "Alemanha! Alemanha!", xingando a Hungria e exigindo que reabrissem a fronteira. Alguns carregavam cartazes que diziam "Europa, Vergonha". Outras pessoas gritavam "Obrigado, Sérvia!". Eu não estava aguentando todo aquele barulho e cobri os ouvidos.

Então a TV húngara colocou uma câmera na frente do meu rosto. "Se Angela Merkel estivesse aqui, o que você diria a ela?", eles perguntaram. "Ajude-nos", eu respondi.

Eu não queria dizer mais nada. Estava odiando a maneira como estavam usando a cadeira de rodas para tentar fazer com que os soldados húngaros ficassem com pena de mim. Estava odiando o fato de a polícia usar máscaras brancas como se tivéssemos alguma doença contagiosa.

Havia muito arame farpado, e uma menininha loira estava parada como se fosse uma estátua tentando abrir o portão. "Hungria, abra a porta! Hungria, abra a porta!", ela gritava, chorando, o que me deixou de coração partido. "Quero sair daqui", eu disse para Nasrine.

As coisas foram piorando ao longo do dia. Nasrine me levou de volta pela trilha de refugiados até a estrada principal, onde estavam montadas as barracas, e nós vimos uma coluna de veículos blindados chegar do lado húngaro. Centenas de policiais apareceram, dispersando as pessoas que protestavam com canhões de água e gás lacrimogêneo. "A Hungria é um país com uma cultura cristã milenar", Orbán havia dito aos policiais antes de enviá-los. "Nós, húngaros, não queremos que essa movimentação mundial de pessoas transforme a Hungria."

Depois a polícia alegou que imigrantes "agressivos" tinham forçado a passagem pela cerca "armados com tubos e varas", mas não vimos nada disso, somente pessoas atirando garrafas plásticas.

Eu não conseguia acreditar que aquela era a Europa com a qual eu havia sonhado.

As pessoas estavam dizendo que, mesmo que você conseguisse passar pela fronteira e chegasse do outro lado, não havia onde ficar a não ser em um campo todo enlameado sem nenhuma infraestrutura. De vez em quando apareciam alguns ônibus; os policiais organizavam filas e os mandavam para os campos de registro. Só as pessoas desesperadas é que iam, porque todos tinham medo de ficar presos lá ou de ser mandados de volta; ouvimos histórias horríveis a respeito das condições desses campos – sujos, infestados de baratas, com guardas que batiam nas pessoas ou que as obrigavam a tomar tranquilizantes para ficarem quietas. O Facebook exibia alguns vídeos de guardas tratando as pessoas como animais, jogando comida para elas. É engraçado porque na verdade a vida como refugiado é muito cara. Entre nós havia advogados, médicos, professores, homens de negócios. Éramos seres humanos, tivemos nossas casas antes de tudo isso acontecer.

Aparentemente, também havia muita gente empacada na Estação Keleti, espalhada do lado de fora, acampada, pois a polícia húngara se recusava a permitir que embarcassem nos trens. Chegaram até a fechar a estação completamente. Algumas pessoas haviam sido colocadas em um trem que supostamente ia para a Áustria, mas o trem parou antes da fronteira e elas foram todas levadas para um campo. Agora as pessoas estavam caminhando.

Todo mundo estava denunciando a Hungria. O chanceler austríaco, Werner Faymann, até comparou o que eles estavam fazendo à deportação dos judeus para campos de concentração pelos nazistas. "Refugiados colocados em trens e enviados para um lugar completamente diferente daquele para onde acham que estão indo me lembra de um dos capítulos mais negros da história do nosso continente", ele disse.

A situação toda era inacreditável. Aquele era um país de onde aproximadamente 200 mil pessoas haviam fugido em 1956, depois do fracasso de sua própria revolução, que havia sido esmagada pelos tanques soviéticos. Alguns atravessaram a fronteira onde nos encontrávamos agora e fugiram para o que então era a Iugoslávia; a maioria foi para a Áustria, pelo norte, e foram bem recebidos por seus vizinhos. Eu tinha visto um documentário a respeito, que mostrava todas as cartas escritas pelos húngaros para os austríacos agradecendo pela forma como haviam sido bem tratados.

Nasrine me empurrou para lá e para cá, mas nós não sabíamos o que fazer. Parecia que estávamos perdidas do lado errado da fronteira. Ficamos pensando onde poderíamos encontrar atravessadores. Se conseguíssemos passar para o outro lado, pensávamos em ir até um posto de gasolina perto da autoestrada onde os atravessadores ofereciam seus serviços para conseguir um "táxi" para Budapeste. Podíamos ver alguns carros e vans circulando por ali.

Acho que os moradores ficaram com pena. Voluntários passavam vários tipos de comida para nós. Vi uma menininha devorando uma lata de milho cozido. Eu não peguei nada porque estava desesperada para fazer xixi. Não era fácil encontrar um lugar que eu pudesse usar, por isso eu tomava muito cuidado com a quantidade de água que tomava para não causar problemas. Felizmente, consigo controlar minha bexiga.

Tentei me concentrar em outras coisas. Uma mulher estava sentada na beira da estrada, chorando enquanto dava de mamar a um bebê vestido com um pijaminha lilás decorado com nuvens brancas. Era tão pequeno que certamente havia nascido durante a viagem. Alguém disse que ela havia perdido outro filho no trem que tinha vindo da Macedônia. Eu sabia que muitas famílias estavam sendo separadas, mas não queria ouvir para não ficar com o moral ainda mais baixo.

Então um fotógrafo apontou a câmera para ela e a mulher cobriu o rosto com um lenço. Havia muitos jornalistas em torno de nós; seus carros e caminhões com antenas parabólicas estavam estacionados ao longo da estrada. Sei que eles estavam tentando fazer seu trabalho, contar ao mundo o que estava acontecendo, mas acho que eles não sabiam que nossa cultura é diferente. E às vezes era perigoso. As famílias de alguns dos jovens que tinham fugido do alistamento militar continuavam na Síria, por isso eles não queriam que sua identidade fosse revelada.

Percebi que os jornalistas usavam uma espécie de uniforme: camisa com botões, calça jeans e botas. Eu ainda estava usando a mesma calça jeans e minha camisa de brim azul favorita, com bordado nos ombros, que eu tinha usado desde Gaziantep e que não tinha trocado desde que saímos de Atenas. Também percebi que todos eles entrevistavam as mesmas pessoas, como abutres cercando a presa.

"Hei! Aqui tem uma garota síria em uma cadeira de rodas que fala inglês!" – alguém gritou.

De repente, todos me cercaram. Entre eles havia uma moça americana da rede ABC que queria saber como eu tinha aprendido inglês. Eu expliquei que havia aprendido assistindo a *Days of our Lives*. Ela ficou espantada.

"É um ótimo programa", eu disse. "Mas eles mataram o personagem principal, que eu adorava!"

Também havia um homem da BBC chamado Fergal Keane, que Nasrine havia encontrado no convés da balsa em Atenas, quando subira para ver o nascer do sol. Ele tinha uma voz suave, como mel se espalhando pelo pão. Eu disse a ele que queria ser astronauta e ir ao espaço encontrar um alienígena e também ir para Londres a fim de conhecer a rainha e ele riu muito.

A essa altura já tínhamos perdido a esperança de que a Hungria abrisse suas portas. Então alguém disse que o presidente croata havia feito um discurso dando as boas-vindas aos refugiados, por isso podíamos tentar ir por lá e dali seguir até a Eslovênia. Nunca tínhamos ouvidos falar de alguns desses países. Alguém gritou que as pessoas estavam passando da Croácia para a Eslovênia e um homem respondeu: "Não pode ser – a Eslovênia fica na Ásia!".

Nasrine me empurrou por campos de girassóis mortos e pegamos um táxi para fazer o caminho de volta até o lugar onde estávamos na noite anterior, depois fomos para oeste, em direção à Croácia. Parecia que estávamos em um desses jogos de computador em que ficam bloqueando as rotas e você tem de encontrar outra.

15
O dia mais difícil

Croácia-Eslovênia, 16-20 de setembro de 2015

Nunca fui a primeira em alguma coisa em toda a minha vida até irmos para a Eslovênia, e é claro que não foi uma coisa boa.

Na fronteira da Sérvia com a Hungria tínhamos acertado o valor de 125 euros para voltar de táxi pela Sérvia e depois seguir para oeste até a fronteira com a Croácia, trajeto que duraria cerca de uma hora e meia. A maior parte dessa fronteira acompanha o rio Danúbio, mas havia uma passagem em Apatin, na margem oeste do rio, onde passaríamos a pé por um milharal para entrar na Croácia. Eu estava empolgada com a ideia de conhecer outro país, apesar de me sentir culpada porque, para Nasrine, isso significava mais tempo caminhando e empurrando a cadeira de rodas. Mas fiquei feliz ao ver a bandeira azul com o círculo de estrelas amarelas mostrando que estávamos de volta à União Europeia e por isso não teríamos mais problemas com fronteiras.

Parecia que havíamos conseguido retomar nossa rota, e eu tentei conversar com Nasrine sobre o meu futuro na Europa. Talvez pudesse ir para a escola, ou até para a faculdade, e ela poderia me ajudar com Física. Às vezes ela gosta de conversar comigo. Ela diz que sou boa ouvinte, que pode me contar coisas que não conta para mais ninguém, e também que dou bons conselhos. Mas eu vi que ela estava muito cansada e não queria saber de conversa – sempre sei quando ficar quieta com ela.

Quando chegamos à fronteira croata, a polícia nos colocou em uma daquelas vans fechadas usadas para transportar prisioneiros e nos levou para uma cidadezinha das proximidades. Aí fomos colocadas em um ônibus com outros refugiados. Ninguém sabia para onde estávamos indo e ouvimos falar que iriam colher as impressões digitais de todos, o que seria um desastre, pois teríamos de ficar na Croácia. Estávamos todos muito preocupados.

A viagem durou quase cinco horas na escuridão e terminou em Zagreb, capital do país. Eles nos levaram para um prédio que parecia ter sido um hospital. Cada um de nós recebeu um número em um pedaço de papel e depois foi fotografado segurando esse número, como criminosos. Nasrine era número 80 e eu 81. O bom é que ali havia um chuveiro e pudemos nos limpar e trocar de roupa. Nasrine também lavou e pendurou as roupas que estávamos usando desde a Grécia. Terminamos de fazer tudo isso às 3h da manhã, e só então dormimos.

No dia seguinte houve muita confusão. Algumas pessoas estavam dizendo que iriam colher as impressões digitais de todos e que seríamos registrados. Mas isso não aconteceu. E de repente, por volta do meio-dia, fomos todos liberados. Depois soubemos que os refugiados que chegaram depois de nós foram todos fichados, ou seja, tivemos sorte.

Fomos até a cidade parecendo duas toupeiras, pois não conseguíamos abrir direito os olhos por causa da luz do sol. Zagreb é uma cidade muito bonita com construções grandiosas do Império Habsburgo. Até a estação parece um palácio, com sua fachada majestosa e uma estátua imponente do rei Tomislau, que parecia mal-humorado, mas foi o primeiro rei da Croácia, mais de 1000 anos atrás. Acontece que não havia nenhum trem para a Eslovênia naquele horário, só às 16h. Tínhamos de matar o tempo durante três horas. Finalmente veríamos um lugar no meio do caminho.

Nesse momento eu vi o letreiro vermelho e amarelo tão famoso – o primeiro McDonald's da minha vida. A essa altura eu estava faminta e fiz minha melhor expressão de súplica para Nasrine. Eu sabia que ela preferia evitar lugares públicos. "Ok", ela disse.

É claro que eu já tinha visto todos os comerciais. Pedi um Big Mac, depois de confirmar que não tinha carne de porco, com fritas e uma Coca. O hambúrguer veio embrulhado em papel e as fritas em um saquinho marrom, não em pratos. O hambúrguer era pequeno e feio, diferente dos hambúrgueres robustos e brilhantes dos anúncios, e eu sabia muito bem que a carne de hambúrguer era barata, além do que fazia com o corpo. Por isso não tinha grandes expectativas, mas gostei, principalmente com muito ketchup.

Minha Coca tinha muito gás, e não gostei, mas então me lembrei de um fato interessante e contei a Nasrine: os islandeses consomem mais Coca-Cola per capita do que qualquer outro país. Ela não prestou muita atenção, pois estava tentando encontrar nossa rota no Google Maps. Como estávamos perto da Itália fiquei animada para ir até lá e conhecer as famosas ruínas romanas, mas o caminho seria muito mais longo do que ir pela Eslovênia.

Depois fomos a um shopping center, o primeiro a que eu ia na vida. Também fiz outra coisa pela primeira vez: andei de escada rolante. Demoramos a descobrir como fazer com a cadeira de rodas, mas foi incrível, apesar de um pouco assustador na descida.

Ficamos de olhos arregalados diante de todas aquelas lojas. Apesar de não cobrirmos a cabeça, sempre usamos mangas e calças compridas, por isso não estávamos acostumadas com a Europa, onde as mulheres expõem boa parte do corpo. Eu estava feliz por voltarmos a ter uma vida normal depois de tanto tempo com guerras e bombardeios e falta de energia. Por pouco mais de uma hora pude fingir que era uma garota daquela cidade e não uma refugiada sem casa para morar. Nasrine, que estava com os olhos doloridos por causa da poeira e do pólen, até experimentou alguns óculos de sol, como se fôssemos clientes normais.

Foi quando vimos uma garota olhando para nós. Ficamos preocupadas, mas ela parecia simpática. "Você é a garota refugiada da foto dos jornais!", ela disse.

"Você ficou famosa!", Nasrine falou, rindo. Mas eu fiquei com medo de que as pessoas só estivessem interessadas em mim por causa da cadeira de rodas. "Isso pode ter chamado a atenção delas", Nasrine disse, "mas acho que querem falar com você por causa da sua personalidade".

Às vezes as irmãs podem ser doces como o mel, mesmo torcendo para o time de futebol errado.

Quando voltamos para a estação, ficamos sabendo que a Eslovênia estava parando os trens que vinham da Croácia. Então decidimos usar nosso precioso dinheiro para ir de táxi até a fronteira. Tivemos sorte porque a irmã do motorista morava lá, e ele sabia exatamente para onde ir. A paisagem era linda. Para nós, ainda era difícil acreditar que a Europa pudesse ser tão verde. E limpa. Também tinha um cheiro diferente do da Síria, como se as pessoas perfumassem as ruas.

A viagem para o oeste demorou cerca de uma hora e meia; o motorista nos deixou perto da fronteira eslovena em uma estrada de nome impronunciável – Žumberački put. Era estranho pensar que todos os países que atravessamos depois de deixar a Grécia formavam um único país – a Iugoslávia – até pouco mais de dez anos atrás. Fiquei pensando se o nosso país também acabaria despedaçado.

O motorista nos mostrou um campo de flores que teríamos de atravessar. O sol estava se pondo e não conseguíamos ver nada além da floresta e das silhuetas borradas das montanhas. Logo estaríamos na Eslovênia. Era estranho não ver nenhum refugiado por ali. Chegamos a um vilarejo e os cachorros começaram a latir quando nos aproximamos. Eu estava encantada com a paisagem e adorei sentir a brisa no cabelo e o odor fresco dos pinheiros. Mas Nasrine estava apavorada. Não tínhamos para onde ir; estava escurecendo e tínhamos ouvido falar de bandidos que roubavam refugiados – não que tivéssemos muito. "Meu Deus! Vamos ter que dormir na floresta", ela disse.

Foi quando ouvimos passos. Os moradores deviam ter chamado a polícia. Acho que Nasrine até ficou aliviada ao ver os policiais, mas quando dissemos que éramos da Síria eles nos prenderam. Mais uma vez, fomos colocadas em uma van da polícia. Eles nos levaram para a delegacia de uma cidade vizinha chamada Perišče. Surpreendentemente, naquela cidadezinha eles tinham um tradutor iraquiano e começaram a fazer um interrogatório; queriam saber como havíamos cruzado a fronteira e detalhes de toda a nossa viagem desde a Síria, passando pela Turquia, Grécia, Macedônia, etc. Eu não entendia porque precisavam saber de tudo isso.

Depois que contamos toda a história, eles disseram que seríamos fichadas. A última coisa que queríamos era acabar na Eslovênia, por isso nos recusamos a fazer qualquer registro. O policial insistiu. Então perguntei se éramos obrigadas a fazer. "Você parece ser uma boa pessoa", ele respondeu. "Prefere fazer isso da maneira mais fácil ou difícil?" Eu percebi que não conseguiríamos evitar.

Foi quando descobri que era muita falta de sorte porque o governo esloveno havia dito que as primeiras cem pessoas a entrar na Eslovênia deveriam ser interrogadas e enviadas de volta para a Croácia. Éramos os números 1 e 2. Típico – pela primeira vez na vida eu era a primeira em algo, e isso era ruim.

Mas já era muito tarde, por isso nos trancaram em uma cela da delegacia e disseram que seríamos enviadas para a Croácia no dia seguinte. A cela tinha dois beliches e um botão para chamar o guarda caso precisássemos de alguma coisa. Eu não estava nada feliz por estar presa, mas o cansaço era tamanho que pela primeira vez em muito tempo dormi bem.

Na manhã seguinte ficamos esperando. Eles nos disseram que viriam nos pegar às 9h da manhã, mas às 13h ninguém tinha aparecido ainda para explicar o que estava acontecendo. Acabamos chamando o guarda e ele disse que o governo croata tinha se recusado a nos receber de volta.

Então fomos levadas para um pátio onde haviam reunido muitos refugiados. Eles nos disseram que tinham vindo da Croácia de trem e que tinham sido mantidos nos vagões durante horas até serem levados até ali. Um funcionário do ACNUR me disse que deveríamos pedir asilo ali, na Eslovênia. Eu fiquei brava e disse a ele: "Você deveria proteger os refugiados! Somos duas garotas sozinhas em uma cidade estrangeira, não vamos ficar aqui sozinhas, esperando durante meses. O que aconteceria conosco?".

Por fim, trouxeram um ônibus de turismo e nos mandaram entrar com os outros refugiados. Como sempre, fomos sentadas na frente. Mas não tínhamos ideia de onde estavam nos levando. Havia outros sírios no ônibus, além de afegãos, mas a maioria parecia ser de iraquianos, incluindo um grupo de iazidis. Eles não apenas tinham feito a mesma viagem que nós, mas antes tiveram que atravessar a Síria. Sentimos pena deles porque tiveram que atravessar duas zonas de guerra e, no final, os alemães haviam dito que só aceitariam sírios.

O ônibus nos conduziu por um cenário alpino com montanhas cobertas por florestas, cachoeiras, lagos e penhascos salpicados de árvores. As placas da estrada não ajudavam muito, pois as palavras eram incompreensíveis, tínhamos a impressão de que faltavam vogais; mas algumas pessoas estavam acompanhando pelo Google Maps e disseram que estávamos indo em direção à capital, Liubliana.

Estava escurecendo quando nos aproximamos do Centro de Refugiados de Postojna, um prédio de dois andares com barras nas janelas que havia sido um campo militar. Os policiais entraram no ônibus e anunciaram que pegariam nossos celulares, dinheiro e objetos de valor. Todo mundo ficou preocupado. "Eles vão nos trancar aqui, senão, por que tirariam nossos celulares?", disse um homem.

"Não vamos descer do ônibus!", alguém gritou.

Acho que os iraquianos eram xiitas porque começaram a fazer orações para Ali – eu nunca tinha visto os xiitas orando. Nós, sunitas, dizemos "Não existe um Deus, mas Alá, cujo profeta é Maomé", mas os xiitas acrescentaram uma frase no final: "e Ali é o amigo de Deus". Eu tentei não ouvir, pois não somos politeístas.

Isso me fez lembrar de quando assisti ao casamento real na TV em Alepo. Nasrine estava limpando o quarto e, quando o príncipe William e Kate fizeram seus votos e trocaram alianças, eles disseram: "Em nome do Pai, e do Filho e do Espírito Santo". Eu não entendi, pois na época não sabia nada do cristianismo, mas Nasrine disse: "Gente ignorante".

Ficamos assustados com os xiitas orando e gemendo. Nasrine começou a chorar. Então alguém disse que conhecia uma pessoa que tinha ficado presa no campo por dois meses e então todo mundo entrou em pânico. As pessoas começaram a perguntar que garantias teríamos de que poderíamos sair se entrássemos.

Os policiais acabaram perdendo a paciência e nos mandaram sair do ônibus, depois organizaram uma fila para entrarmos no centro de detenção. Apesar de não terem tirado nossos celulares, não havia sinal ou Wi-Fi, de forma que não podíamos conferir onde estávamos. Eu comecei a chorar porque pensei que jamais veria o sol novamente.

Mas então pensei que aquele era o tipo de obstáculo que eu teria de enfrentar em um novo país e comecei a me acalmar. Pensei em Nelson Mandela e nos 27 anos que ele havia passado na prisão, sem perder o ânimo, e em Abdullah Öcalan, líder do PKK curdo, que estava preso na Turquia desde 1999. Mas eu precisava pensar em alguém que me deixasse mais animada e por isso comecei a pensar nos Romanov, o que sempre funcionava.

No interior do centro fomos divididos em dois grupos – homens sozinhos e famílias. Eu e Nasrine fomos levadas para um quarto com uma família afegã. A mulher tinha a cabeça coberta por um lenço e estava junto com um homem e um menino; não conseguíamos entender uma palavra do que diziam. Tínhamos ficado com um pouco de medo de afegãos depois da briga que eles tinham provocado em Lesbos, e também porque eles sempre se recusavam a ficar na fila nos pontos da fronteira. Às vezes eles fingiam que eram sírios para tentar passar, pois os alemães haviam dito que aceitariam os sírios, mas não conseguíamos acreditar que alguém se deixasse convencer porque sua língua e aparência eram completamente diferentes.

Então ouvimos alguém falando árabe do lado de fora; era um homem sírio reclamando que sua esposa não podia ficar no mesmo quarto com um estrangeiro. Depois disso o guarda levou os afegãos e trouxe os sírios.

Eles eram de Idlib, no norte da Síria, que após uma grande batalha não estava mais sob o controle de Assad e tinha sido tomada pela Frente al-Nusra. O grupo compreendia um homem casado, sua esposa e um bebê, o irmão dela e uma mãe que estava sozinha porque seu marido tinha morrido em um ataque aéreo. Ela nos mostrou as fotos dos filhos que ela havia deixado em um campo no Líbano. Como não podia levar todos para a Alemanha, seu plano era ir para lá sozinha, pedir asilo e depois mandar buscá-los com base no processo de reunificação. Muitas pessoas pareciam estar fazendo isso, mas Bland havia nos dito que não era tão fácil.

A família de Idlib era agradável, mas eu estava cansada demais para ficar ouvindo histórias tristes. Foi uma noite difícil. Tínhamos seis beliches. Eu e minha irmã ficamos com um, Nasrine em cima e eu na cama de baixo. As camas eram desconfortáveis e eu estava com medo de cair, além de ter um mosquito me incomodando. Sonhei que eu estava dormindo junto com Ayee, mas, quando tentei chegar mais perto, acordei e vi que ela não estava lá, o que me deixou triste. Acordamos às 4h da manhã, pois a família tinha programado o alarme do celular para fazerem suas orações.

Nasrine disse que antes de ouvir o toque do celular estava sonhando que fazia uma peregrinação como a nossa Hajj até Meca, só que na Eslovênia e com todo mundo vestido de branco. Ela costumava orar diariamente, e acho que estava se sentindo culpada por não estar fazendo suas orações durante a viagem.

Depois de um café da manhã com pão e queijo, saímos para um pátio onde alguns dos refugiados jogavam futebol. O lugar era totalmente cercado por redes em toda a volta e também em cima; parecia que até o céu estava trancado. Para mim, essa foi a parte mais assustadora. Eu me senti uma prisioneira.

No lado de dentro havia um grande salão com uma TV mostrando a programação da Al Jazeera. A principal notícia era a crise dos refugiados – um "mar de gente", como eles diziam – e ficamos assistindo para ver o que estava acontecendo nas fronteiras. Vimos que a Hungria continuava fechada e o número de pessoas que seguia em direção à Croácia só aumentava – 11 mil até aquele momento; ela tinha fechado todas as estradas e estava dizendo que não poderia aceitar mais ninguém. A Eslovênia tinha interrompido todo o tráfego ferroviário na linha principal da Croácia e disse que iria introduzir controles nas fronteiras. Até mesmo a Alemanha estava tão sobrecarregada que havia suspendido os trens que vinham da Áustria. Havia imagens de pessoas correndo desesperadamente para um ônibus que ia até a Croácia e de milhares atravessando campos. Parecia que éramos uma tribo perdida sendo empurrada de uma fronteira para outra.

A reportagem então mostrou Bruxelas, onde os líderes da União Europeia, todos de terno e gravata, faziam reuniões para discutir a "crise dos imigrantes". Todos concordavam que era muito séria e que algo precisava ser feito, mas nenhum deles parecia querer a nossa presença e todos pareciam bem contrariados com a Alemanha. Eu não conseguia deixar de pensar que devíamos ser muitos, mas, mesmo que fôssemos 1 milhão, não representávamos nem 0,2 por cento dos 500 milhões de pessoas vivendo na União Europeia e, segundo a nossa tradição, jamais daríamos as costas para aqueles que precisassem de ajuda.

"A União Europeia não está em uma boa situação", disse um homem sério de óculos chamado Jean-Claude Juncker, cuja cabeça parecia sair pra fora do corpo como a da minha tartaruga e que foi descrito como presidente da Comissão Europeia (eu não sabia muito bem o que era isso). "Há uma falta de Europa nessa União, e uma falta de união nessa União." Eu me perguntei por que ele não fazia alguma coisa se estava no comando. Parecia que o resto do mundo queria que nós simplesmente desaparecêssemos.

Só se falava na crise de imigração. Muitas das pessoas que estavam no centro eram de Alepo, como nós, mas haviam saído de lá mais recentemente e tinham histórias terríveis para contar sobre os bombardeios e a fome.

Nasrine falou com os iazidis, pois o dialeto deles era parecido com o curmânji, que nós falamos. Uma das garotas contou que seus dois irmãos tinham sido assassinados pelo Daesh e que sua irmã tinha sido sequestrada. Ela e outras garotas que conseguiram escapar tinham arranhado o rosto para ficarem feias e não serem levadas pelo Daesh. Os pais dela tinham vendido tudo o que possuíam, incluindo tudo o que sua mãe tinha de ouro, para poder fugir. "Não há nada de bom para nós no Iraque", ela disse. Ela tinha tatuado seu nome no pulso para o caso de ser morta e ninguém saber quem ela era.

Também encontramos uma família de palestinos com seis crianças, incluindo duas duplas de gêmeos, que eram refugiados pela segunda vez; a família tinha fugido para a Síria em 1948, após o fim do Mandato Britânico da Palestina, quando as milícias judaicas começaram a arrasar aldeias para conquistar terras para o novo Estado de

Israel. Chegamos a ter cerca de meio milhão de palestinos na Síria, pois evidentemente o país já foi um bom lugar para viver.

Essa família havia crescido em um grande campo ao sul de Damasco chamado Yarmouk, que era como uma cidade, com escolas, hospitais e até mesmo seus próprios jornais. Eles haviam tentado manter distância da revolução, mas em 2012 o regime decidiu que a área estava se transformando em um refúgio para os rebeldes, por isso ela foi bombardeada pelos jatos de Assad. Os combates entre os dois lados eram diários, e a família fugiu para um campo no Líbano. Ali, eles disseram, a vida era terrível – os palestinos não têm o mesmo tratamento dispensado aos sírios, e eles tinham de pagar por uma licença de residência e aluguel no campo. No início eles achavam que Assad cairia e eles poderiam voltar para Yarmouk. Mas isso não aconteceu. Com o passar do tempo e a chegada de mais refugiados, a simpatia por eles no Líbano foi desaparecendo. Agora, mais de 1 milhão de sírios estão no Líbano, o que equivale a quase um quarto da população, e o país é apenas um faixa de terra.

O dinheiro da família estava acabando, assim como as rações de comida no campo. Quando eles ouviram as palavras da senhora Merkel e viram que as pessoas estavam indo para a Alemanha, decidiram tentar.

Eles pagaram atravessadores para levá-los para a Turquia e dali cruzaram em um bote até a ilha de Kos, na Grécia. Aparentemente, as condições que encontraram lá eram piores que as da ilha de Lesbos, pois o prefeito odiava os refugiados e prendeu todos em um estádio sem água. Quando conseguiram os papéis oficiais, pegaram uma balsa para Atenas. Como a nossa, ela deveria sair antes do amanhecer; eles pegaram no sono e, quando acordaram, viram que a balsa não tinha saído do lugar. As pessoas ficaram tão furiosas que se revoltaram. A balsa acabou saindo e chegou depois de oito horas. Só quando desembarcaram é que eles perceberam que estavam em Mitilene, e não em Atenas.

Eles riram muito enquanto contavam sua história. Os refugiados são pessoas resilientes.

Fiquei surpresa com a calma de Nasrine. Imaginei que fosse porque a família Idlib prometeu que nos acompanharia até a Alemanha, e assim não estaríamos sozinhas.

Para mim, aquele foi o pior dia da viagem. Tínhamos perdido tudo – nosso país, nossa casa, nossos tios –, estávamos longe da nossa família e agora éramos prisioneiras. Na verdade é ilegal prender refugiados, mas o que poderíamos fazer? Eu estava com medo de que nos mantivessem trancadas ali por três, quatro meses.

E então, cercada pela polícia e sem poder sair dali, percebi como a liberdade é preciosa e como é importante ser livre. Foi nesse dia que entendi por que tínhamos começado aquela revolução, apesar de a reação de Assad estar levando o país à sua destruição. Eu não poderia mais fingir que estava em uma espécie de viagem de férias pela Europa – agora eu sabia que era realmente uma refugiada.

A única coisa boa daquele centro de detenção era a comida, especialmente um refrigerante rosado chamado Cockta, feito com uma mistura de ervas e pétalas de rosa que me lembrou do salepo que eu adorava quando era criança.

Ficamos sabendo que os iraquianos tinham conseguido sair porque haviam feito greve de fome e decidimos fazer a mesma coisa. A ameaça funcionou e, no dia seguinte – depois de duas noites –, os eslovenos nos deixaram sair e nos colocaram em um ônibus para um campo aberto em um lugar chamado Logatec.

Somente quando estávamos saindo de Postojna é que eu percebi como era bonita, cercada pela natureza, por colinas, onde tudo era verde. Depois fiz uma pesquisa sobre a cidade e descobri que em uma caverna daquelas montanhas, perto de onde estávamos, haviam nascido proteus, um anfíbio raro chamado de "*baby dragon*" em inglês. Eu nem sabia que existiam dragões. Senti muita tristeza por só estarmos vendo policiais e refugiados nos países por onde passávamos.

16
"A noviça rebelde"

ESLOVÊNIA-ÁUSTRIA, 20-21 DE SETEMBRO DE 2015

Eu estava com um pouco de medo ao entrar na Áustria por dois motivos. Primeiro, como eu dissera a Nasrine, era o país onde havia nascido Hitler, o homem que havia causado a última crise de refugiados realmente grande. Em segundo lugar, era o país onde 71 refugiados haviam morrido no mês anterior, sufocados dentro de um caminhão que deveria transportar frangos congelados. O caminhão havia sido abandonado na beira de uma estrada que ia de Budapeste para Viena e foi encontrado pela polícia austríaca porque havia líquido escorrendo pela traseira. Quando abriram as portas, o cheiro de morte era devastador, pois os corpos empilhados estavam se decompondo; entre os corpos havia oito mulheres, três crianças e um bebê de apenas 18 meses. As laterais do caminhão estavam amassadas, indicando que as pessoas, desesperadas, bateram com força na lataria quando começaram a ficar sem oxigênio.

Ao longo da nossa viagem, com exceção do trecho entre a Turquia e a Grécia, tentamos evitar os atravessadores, apesar de termos aceitado preços abusivos de muitos motoristas de táxi. De maneira geral, no entanto, tivemos sorte. Talvez por causa das vantagens da deficiência, na maior parte do tempo as pessoas tentaram nos ajudar. Nós sabíamos que muitos refugiados tinham caminhado centenas de quilômetros. Só na Turquia e na Grécia é que passamos algumas noites dormindo ao ar livre. Às vezes brincávamos dizendo que éramos refugiadas de luxo.

Agora estávamos tão perto do fim – tínhamos de atravessar só mais um país – que não queríamos correr nenhum risco. A Áustria tinha colocado controles nas fronteiras, e um dos nossos primos nos disse que o governo estava mandando os refugiados para um centro de detenção para diminuir a pressão sobre a Alemanha. Por isso decidimos que desceríamos em uma parada antes da fronteira com a Áustria, para o caso de a polícia decidir prender as pessoas que chegavam no trem procedente de Logadec.

O trem ia para a cidade austríaca de Graz, mas nós descemos na última cidade eslovena, que era Maribor. A família Idlib, com quem estávamos viajando desde que tínhamos saído do centro de detenção, achava que isso era bobagem e continuou no trem. Enquanto Nasrine empurrava minha cadeira, muitas pessoas tentaram nos impedir de sair, gritando "Isto aqui não é a Áustria, é a Eslovênia!".

"Eu sei", eu respondi. Comecei a achar que o plano era idiota porque estávamos muito cansadas e nossa aparência era horrorosa, e as pessoas iriam ficar desconfiadas.

A Áustria fica tão perto que muitas pessoas de Maribor cruzam a fronteira todos os dias para ir trabalhar; ainda assim era uma distância de aproximadamente 22 quilômetros, não exatamente tão fácil de cruzar a pé como havíamos imaginado. Seguimos pela estrada tentando encontrar um táxi. Era uma cena tão patética que eu acho que, se alguém nos visse, começaria a chorar.

Descobrimos rapidamente que nosso plano era realmente muito estúpido porque alguns voluntários que estavam em um carro cheio de alimentos para os refugiados pararam e nos disseram que não havia como evitar a polícia da fronteira e que o melhor era ir de trem. Então a família Idlib telefonou para dizer que tinham chegado a Graz sem problemas. Tínhamos escolhido a opção errada.

Os voluntários chamaram um táxi e o motorista nos cobrou metade do preço por sermos refugiadas. Nós percebemos que tínhamos atravessado toda a Eslovênia quase de graça. Nem todo mundo nos odeia.

Parecia que sempre chegávamos a um novo país perto do pôr do sol, e foi o que aconteceu quando entramos na Áustria. Fiquei confusa porque não havia placa alguma indicando que estávamos em outro país – nenhuma bandeira, nada.

O táxi nos deixou junto à barreira policial em um lugar chamado Spielfeld, onde havia muitas barracas e alguns voluntários da Cruz Vermelha e da Ordem de Malta. Um intérprete que falava árabe em um dialeto egípcio nos indicou uma tenda onde nos deram um sanduíche e um cobertor, e nos disseram que haveria um ônibus para um campo em Graz. Eu não gostei do lugar porque era muito frio e não tinha colchões nem tendas suficientes, e por isso algumas pessoas tinham de dormir ao ar livre. Alguém nos disse que poderíamos ir embora dali, mas, se nos pegassem, poderíamos ser fichadas e acabar sendo obrigadas a pedir asilo na Áustria. Não sabíamos o que fazer.

Havia muita gente ali e algumas pessoas nos disseram que estavam esperando o ônibus desde as 8h da manhã. Nós ficamos esperando e começamos a achar que talvez tivéssemos de passar a noite ali. Eu estava tremendo, completamente exausta. Por fim o ônibus chegou, à meia-noite. Ele nos levou até Graz, onde havia nascido o arquiduque Francisco Fernando I. Eu sabia disso porque tinha assistido a um programa sobre os assassinatos mais importantes da História. Eu tinha certeza de que em primeiro lugar estava o assassinato de Mahatma Gandhi, mas descobri que era o do arquiduque Francisco Fernando porque evidentemente eles julgavam o assassinato pelo impacto que havia causado no mundo. Eu era muito idiota!

Ao descermos do ônibus vimos vários tradutores com coletes salva-vidas cor de laranja, usando megafones para avisar em várias línguas que deveríamos formar uma fila. Alguns dos refugiados eram advogados, médicos ou pessoas importantes em suas comunidades, mas parados ali, com o aspecto cansado, carregando seus poucos pertences em mochilas, bolsas e sacolas, todos pareciam tristes e abatidos.

Fomos divididos entre aqueles que queriam ficar na Áustria e os que esperavam prosseguir até a Alemanha, que era quase todo mundo.

Cada pessoa, incluindo crianças e bebês, recebeu uma pulseira verde. Fiquei chocada porque isso me fez lembrar de como os nazistas obrigaram os judeus a usarem um emblema amarelo, mas os voluntários explicaram que precisávamos delas para receber comida. As pulseiras tinham números, e quando o nosso fosse chamado pegaríamos um ônibus que nos levaria até a fronteira da Áustria com a Alemanha. Recebemos os números 701 e 702, o que significava que ficaríamos ali por um bom tempo, pois cada ônibus levava apenas 45 pessoas e saíam apenas 4 ou 5 ônibus por dia. É engraçado, a Áustria é um país rico, mas parecia que nem mesmo eles conseguiam dar conta de tanta gente.

Depois que recebemos nossas pulseiras fomos levadas para o centro de refugiados, que ficava onde antes funcionava um supermercado. Antes de sairmos da Turquia eu tinha aprendido algumas palavras em alemão, para estar preparada, e então tentei pedir chá quente a um dos voluntários. Eles me deram leite frio. Logo na entrada havia cabos de extensão pendurados e a primeira coisa que todo mundo fazia era carregar os celulares, pois eles eram nossa salvação.

No interior havia muitas fileiras de camas de metal verde dobráveis, que serviam como leitos de campanha ou para a realização de exames médicos. Em quase todas elas havia alguém deitado. O lugar era completamente fechado e estava superlotado; o ar era rançoso por causa da quantidade de gente que não tomava banho há dias, como nós. A iluminação era de lâmpadas fosforescentes. Fomos levadas até duas camas vazias e os voluntários nos ofereceram cobertores cinza bem pesados, ou *decke* – a primeira palavra nova que aprendi em alemão.

Estávamos tentando dormir quando ouvimos uma gritaria. Um grupo de sírios estava brigando com um grupo de afegãos por extensões para carregar os celulares. Percebi como o nosso comportamento tinha se tornado horrível por causa da guerra.

As luzes foram desligadas repentinamente e eu tentei dormir, mas era difícil com tantas crianças chorando, e, além disso, estava frio. A tenda tinha só um aquecedor, o que evidentemente não era suficiente; nem os cobertores. Nasrine pegou todas as roupas que tínhamos na mochila e colocou em cima de mim, mas eu ainda estava sentindo frio e batendo os dentes.

O campo era administrado pelo exército austríaco e de manhã os soldados vieram limpar a tenda, recolhendo o lixo e garrafas de água.

Enquanto esperávamos, Nasrine começou a conversar com as pessoas que estavam nas camas ao lado. Eu não falei com elas, pois, como sempre, preferi fechar meus ouvidos para as coisas ruins. Alguns discutiam os lugares para onde ir – se era melhor tentar a Suécia, a Dinamarca ou a Holanda, já que a Alemanha estava ficando cheia. Outros contavam suas histórias.

Uma moça muito bonita chamada Hiba, alguns anos mais velha do que eu, estava chorando porque havia se separado de seu namorado na Hungria. Ela estudava Economia em Damasco e tinha fugido com seus irmãos e a família do namorado depois que seu irmão mais velho foi convocado e acabou assassinado na guerra. Eles estavam viajando em um grupo grande, mas passaram maus bocados na Hungria, onde ficaram empacados por vários dias na Estação Keleti. Então recorreram a um atravessador para chegar até a fronteira austríaca, mas foram mandados de volta. Na fronteira eles ficaram sabendo das pessoas que haviam morrido sufocadas no caminhão um dia antes. Depois disso a família do seu namorado resolveu desistir e ir para um campo húngaro pedir asilo. Ele não teve escolha senão ir com a família. Ela e os irmãos decidiram voltar para Budapeste e recorrer a outro atravessador para ir para a Áustria. Dessa vez eles conseguiram. Agora ela estava mandando mensagens para o namorado pelo Messenger do Facebook e ele não respondia. Tudo o que ela tinha era um ursinho cor-de-rosa que ele lhe dera. Ao descrever o que havia sentido quando ele foi embora no ônibus da polícia húngara, ela disse: "As despedidas não são legais". Parecia Romeu e Julieta, ou Mem e Zin.

Quando fui até o banheiro vi muitas mulheres com as cabeças cobertas com lenços, mas também vi uma garota síria de cabelos loiros e compridos, parecendo europeia. Ela nos disse que as pessoas estavam ficando no campo por dois ou três dias, esperando pelos ônibus. Eu não conseguia imaginar como ficaria num lugar horrível como aquele por três dias, e por isso tentamos usar minha asma como desculpa. Fomos até o centro de primeiros socorros e dissemos ao médico que eu não podia ficar ali, pois era muito claustrofóbico, mas ele disse que teríamos de esperar.

Então um voluntário chamou os números para o próximo ônibus. Eram muito mais baixos do que os nossos. Dezenas de refugiados correram para os portões que, depois de abertos, permitiriam que prosseguissem até o ônibus que os levaria até a fronteira com a Alemanha. As pessoas estavam forçando a passagem, apesar de não ser a vez delas, enquanto os voluntários de coletes cor de laranja tentavam manter a multidão afastada.

Eu estava desesperada para sair daquele lugar. Os refugiados estão sempre atentos aos rumores e às mensagens do Facebook e ficamos sabemos que os trens tinham voltado a circular entre a Áustria e a Alemanha. Alguém nos disse que, se você tivesse dinheiro, poderia pegar um táxi até a estação de Graz e depois pegar um trem; decidimos fazer isso apesar do medo de sermos capturadas e fichadas.

O motorista era egípcio e nos falou do impacto causado pela chegada dos refugiados – eles iam caminhando pela estrada e os austríacos não sabiam o que fazer. Ele disse que era como se plantas estranhas tivessem começado a brotar de repente: tudo o que eles faziam era diferente. Nós rimos bastante ao nos imaginarmos como plantas exóticas.

Por causa da cadeira, alguém nos ajudou a entrar no trem. Alguns sírios vieram falar conosco, mas nós nos afastamos porque tínhamos medo de que a polícia entrasse e imaginasse que fazíamos parte de um grupo de refugiados.

Nasrine parecia bastante aliviada por estarmos quase chegando à Alemanha. "Agora sim, parece que estamos na Europa ocidental", ela disse.

O fato de estarmos tão próximas do nosso destino final me deixou feliz e triste ao mesmo tempo. A Europa era exatamente como eu havia imaginado em meus sonhos – a natureza, o verde –, apesar de eu preferir, é claro, minha terra natal. Era difícil de acreditar na limpeza das ruas. O motorista egípcio nos contou que na Áustria as pessoas eram multadas se jogassem um maço vazio de cigarros pela janela do carro como as pessoas vivem fazendo na Síria.

Mas fiquei triste com o fato de nossa jornada estar quase no fim e porque eu voltaria a ser a garota do quarto. Nas últimas três semanas, eu havia me sentido como todas as outras pessoas, vivendo acontecimentos da vida real, mesmo precisando da minha irmã para me empurrar.

Enquanto prosseguíamos pelos Alpes, passando por montanhas encobertas pela neve e cidadezinhas com casas de madeira e igrejas com cúpulas no formato de cebola, eu pensei em Heidi, cuja história é contada num livro que tem seu nome, vivendo com seu avô carrancudo e Peter, o pastor de cabras. Eu li esse livro várias vezes porque é difícil encontrar uma história com personagens que tenham alguma deficiência, mas Heidi tem uma amiga deficiente, Clara, que vem para ficar e deixa Peter enciumado. Ele empurra a cadeira de rodas montanha abaixo e então ela aprende a andar no ambiente saudável dos ares alpinos. Também adoro a parte em que Heidi resgata um cesto cheio de gatinhos e a governanta começa a gritar. Eu também teria gritado.

Os campos verdes me fizeram pensar no filme *A noviça rebelde*, e me lembrei de Maria correndo com seu avental de governanta. Eu não conseguia parar de pensar em como a personagem era retratada no filme, o que era irritante porque eu tinha lido *A história dos cantores da família Trapp*, o livro escrito pela verdadeira Maria von Trapp, e vi que o filme estragou tudo.

A propósito, eu sei o nome de todas as crianças reais de *A noviça rebelde* – o mais velho era um rapaz chamado Rupert, e não uma garota chamada Liesl – e eles eram dez e não sete. Além disso, o capitão von Trapp não era tão severo como no filme, e tocava violino, não violão. É como a Síria e Assad, a maneira como estamos sempre sendo enganados pelas pessoas que estão por cima.

Os von Trapp também eram refugiados, pois fugiram da Áustria quando ela foi ocupada pelos nazistas, em 1938. Eles também foram de trem – não fugiram pelas montanhas como no filme. Eles fizeram uma turnê de concertos e nunca mais voltaram. Depois foram de navio para Nova York, e quando chegaram tinham apenas alguns poucos dólares.

Essa era uma história familiar, apesar de que, no nosso caso, nós estávamos indo para a Alemanha e não o contrário. Tínhamos sorte de já estar chegando, pois nós também já estávamos quase sem dinheiro, depois de ter usado tudo o que nossos irmãos Mustafa e Farhad nos mandaram.

Quando o trem chegou a Salzburgo, a polícia mandou todos os sírios descerem. Então nós percebemos que éramos centenas. E nós o tempo todo preocupadas em não chamar atenção. A estação também estava cheia de refugiados – apareceram tantos depois que a Hungria fechara suas portas e fora criada a nova rota pela Eslovênia que o prefeito teve de transformar o estacionamento do metrô em um campo. Parecia muito bem organizado, com camas e serviço de primeiros socorros, e uma área para as crianças brincarem. Havia até moradores com cartazes dizendo "*Willkommen*" e "*Welcome Refugees*" e distribuindo peras e bananas.

Fomos direcionados para um ônibus que nos levou até uma base militar perto de uma ponte do rio Saalach. Ao chegarmos, mais uma vez a polícia entrou no ônibus e nos mandou descer. Os soldados austríacos então nos deram água e biscoitos. Por fim, recebemos um sinal e fomos andando em pequenos grupos de vinte pessoas pela ponte até a Alemanha. Bom, eu não andei. Bem que eu gostaria. Talvez eu precise de um Peter que jogue fora a minha cadeira de rodas.

No caminho alguém me deu um pacote de balas de goma. Quando chegamos do outro lado não sabíamos para onde ir; alguém havia riscado "Germani" no chão com giz cor de laranja, além de uma seta laranja, que lembrava a história de *João e Maria*, para nos guiar, como se a Alemanha fosse a nossa casa. Mas não havia nenhuma bandeira alemã, por isso não tínhamos certeza de que havíamos chegado.

"Onde é a Alemanha?", eu perguntei a um policial.
Ele sorriu e disse: "Bem-vindas à Alemanha!".

17
Obrigada, Mama Merkel

Rosenheim, Dortmund, Essen – Alemanha,
21 de setembro-15 de outubro de 2015

No dia em que entramos na Alemanha, Nasrine estava fazendo 26 anos. A viagem desde Gaziantep tinha demorado exatamente um mês, e meus braços estavam cobertos de manchas por causa das batidas contra a cadeira de rodas. Mas tínhamos conseguido. Desde que deixamos Alepo, havíamos percorrido mais de 5700 quilômetros por nove países, fugindo da guerra para encontrar a paz – uma jornada para uma nova vida, como o meu nome anuncia.

De repente, tudo havia se transformado em *quando*, e não mais *se*. Eu olhei para os alemães e pensei que um dia falaria alemão como eles, viveria como eles, amaria como eles. Talvez até andasse como eles. Telefonamos para Ayee e Yaba para contar que tínhamos chegado e eles choraram; telefonamos para Bland para dizer que logo nos encontraríamos. Também estávamos chorando, como alguns dos outros refugiados. Era como se tivéssemos nos livrado de um grande peso. Não sabíamos o que aconteceria em seguida, mas tínhamos alcançado nosso objetivo geográfico.

Primeiro, porém, tínhamos de esperar, pois, assim que cruzamos a ponte do Saalach e chegamos a Freilassing, na Alemanha, nos vimos cercadas de gente por toda parte em ambos os lados da estrada. A polícia nos disse para descer e fazer uma fila embaixo da ponte. A fila era longa, formada por sírios, iraquianos, afegãos, paquistaneses e algumas pessoas de pele muito escura, e eu imaginei que tivessem vindo da África.

"Vou ficar na frente. Não posso ficar nessa fila comprida", eu disse ao policial. Mas dessa vez as vantagens da deficiência não funcionaram. Ele olhou para o pacote de balas que eu tinha nas mãos. "Você é muçulmana, certo?", ele perguntou. "Sim", respondi. "Me dê essas balas, estão cheias de gelatina", ele falou.

Depois ficamos ali esperando. Não nos deram nada para beber e comecei a ficar com frio. Essas não eram exatamente as boas-vindas que havíamos imaginado.

Ficamos embaixo daquela ponte durante cinco horas. Pode não parecer muito tempo depois de todas aquelas semanas viajando, e de todos os anos com Assad, o Talebã ou os outros monstros dos quais estávamos fugindo, mas era difícil estar tão perto do fim e então ficar empacada sem qualquer razão aparente.

Finalmente nos disseram que voltássemos para a ponte. Nossas bolsas foram revistadas e fomos todos colocados em um ônibus da polícia; voltamos a passar por montanhas e florestas do mundo de Heidi e também por um lago de um azul muito claro, até chegarmos a uma cidade chamada Rosenheim, na Baviera, a cerca de oitenta quilômetros a oeste de onde estávamos.

O campo ficava no interior de uma espécie de mercado fechado e, como havia acontecido na Áustria, recebemos pulseiras numeradas, desta vez vermelhas; fomos avisados de que nossos números seriam chamados quando fosse a nossa vez de pegar um ônibus para a próxima etapa. Nossos números eram 12 e 13, por isso eu e Nasrine imaginamos que estaríamos entre os primeiros; acontece que havia trezentas pulseiras verdes, trezentas pulseiras azuis e cem pulseiras cor de laranja na nossa frente. Como eles disseram que só podiam despachar cinquenta pessoas por dia, calculamos que ficaríamos ali por algum tempo.

Como havíamos imaginado, tudo na Alemanha era muito organizado. Fomos encaminhadas para o que eles chamavam de *Bearbeitungsstrasse*, ou rua de processamento, em uma quadra de esportes. Recebemos sacolas plásticas para guardarmos nossos pertences e celulares, fomos fotografadas e examinadas para verificarem se não tínhamos nenhuma doença contagiosa, como tuberculose ou sarna. Eu entendo a necessidade de fazer um registro de todas aquelas pessoas, mas, sinceramente, não somos uma doença ou uma epidemia. Ainda assim, não posso reclamar, porque pelo menos na Alemanha a porta estava aberta, ao contrário de outros países da União Europeia.

Por fim, fomos fichadas. Foi estranho não precisar mais ter medo de ser registrada. Eles nos deram um documento chamado *Anlaufbescheinigung*, o que significava que poderíamos viajar até Munique para pedir asilo.

Mas não queríamos ir até Munique, pois Bland morava em Dortmund. Eu disse a eles que não queria ficar ali, que queria ver meu irmão. Mas eles disseram que Munique era o ponto de entrada oficial para os refugiados. O problema era que a cidade estava sobrecarregada, com cerca de 13 mil refugiados chegando todos os dias.

Isso significava mais espera. O campo do mercado estava lotado, com centenas de pessoas deitadas nas camas de campanha. Havia uma área com brinquedos, como ursinhos e peças de Lego, que as pessoas haviam doado, mas a maioria das crianças estava chorando, cansadas de serem arrastadas para cá e para lá e de ficarem presas. O calor era sufocante e as pessoas estavam passavam mal – vimos uma mulher desmaiar no banheiro. Havia longas filas só para conseguir um sanduíche.

Pela primeira vez encontramos pessoas que haviam chegado ali pela rota marítima até a Itália. A viagem pelo Mediterrâneo da Líbia até uma pequena ilha chamada Lampedusa em pequenos barcos de pesca parecia aterradora. Muitos barcos tinham virado e centenas de pessoas haviam morrido afogadas no mar aberto.

Muitas pessoas, como nós, estavam tentando ir para lugares diferentes na Alemanha, onde já tinham família. Finalmente, com a ajuda de uma voluntária que se compadeceu de nós, conseguimos esconder nossas pulseiras e embarcar em um ônibus. Então fomos para outro campo, em uma cidade chamada Neumarkt, não muito distante de Nuremberg. Ao chegarmos, pediram de novo nossos nomes e número de registro. Não queríamos ficar paradas ali, por isso dissemos que precisávamos de um pouco de ar e saímos. Havia um posto de gasolina do outro lado da rua e eles chamaram um táxi que nos levou até Nuremberg.

Nuremberg é uma cidade muito bonita, com edifícios pintados com cores alegres como as casas e torres de gengibre de um conto de fadas. Ficamos olhando para as vitrines das docerias com seus bolos de chocolate e os famosos *Apfelstrudels*. Nasrine disse que estava contente por termos feito a viagem da maneira como fizemos porque, passando por vários países, havíamos tido tempo de nos adaptarmos; se tivéssemos vindo direto de avião para um lugar como a Alemanha, ficaríamos aturdidas. Eu concordei: estaríamos perplexas.

Então nós vimos outro McDonald's e eu fiz minha primeira refeição *fast-food* em meu novo país. Enquanto comíamos, meus olhos começaram a fechar. De repente, comecei a me sentir muito cansada. Eu tinha feito o melhor que podia e tinha conseguido chegar ao lugar certo; agora eu só queria que a viagem acabasse. Nós planejávamos pegar um trem para Colônia, onde morava nosso irmão mais velho, Shiar, e depois pedir asilo na manhã seguinte. Havia um trem rápido às 9h da manhã, e tínhamos reservado o que nos restava de dinheiro para a passagem. Na estação, ficamos impressionadas com os elevadores e com tudo o que visava facilitar a vida das pessoas que têm alguma deficiência. Como Nasrine diz, tudo é diferente na Alemanha.

Em nosso vagão havia dois afegãos que começaram a rezar, balançando a cabeça para cima e para baixo e entoando "Allahu Akbar". Ficamos um pouco assustadas e vimos que os alemães estavam olhando para eles, apavorados. Foi a primeira vez que pensei sobre o que os alemães poderiam estar pensando a respeito dos refugiados que chegavam para viver em número tão grande em seu país.

Nem todo mundo na Baviera estava feliz em ver seu estado se transformar no portão de entrada de dezenas de milhares de refugiados que buscavam a principal economia da Europa. Horst Seehofer, primeiro-ministro do estado da Baviera, alertou para "uma situação de emergência que em breve não conseguiremos controlar". O vice-presidente do seu partido, Hans-Peter Friedrich, previu "consequências catastróficas" e fez especulações quanto à existência de jihadistas do Daesh escondidos entre nós.

Felizmente, a senhora Merkel é uma pessoa decidida. "Se tivermos de começar a nos desculpar por mostrar uma atitude amigável em uma situação de emergência, este não é o meu país", ela disse.

Obrigada, Mama Merkel.

A viagem de trem durou cerca de quatro horas e terminou junto ao Reno, perto da catedral de Colônia, que era alta, escura, circunspecta e parecia ocupar toda a linha do horizonte. Eu nunca tinha visto uma igreja tão grande. Ela já havia sido o edifício mais alto do mundo. Como é que não foi destruída durante a guerra?

Quando descemos na plataforma, Bland estava esperando por nós, com seu cabelo desleixado e seu sorriso carinhoso. Ele tinha vindo de Dortmund para se encontrar conosco. Eu não conseguia acreditar que estávamos juntos novamente. Estava tão feliz em vê-lo – ele faz parte de todos os acontecimentos da minha vida.

Quando chegamos à casa de Shiar, Nahda estava lá com suas filhas – ela tinha esperado por nós para pedirmos asilo juntas. Era tão bom estarmos todos reunidos. Pensei que ali começávamos uma nova vida. Eu não sabia como seria, e precisava desesperadamente de pessoas e coisas familiares ao meu redor.

Na manhã seguinte pegamos um trem para Dortmund, todos nós – as três irmãs, os dois irmãos e minhas quatro sobrinhas. O trem passou por Düsseldorf. Eu nunca tinha visto edifícios envidraçados tão altos, brilhando na chuva. Mas não fiquei olhando por muito tempo. Estava tão feliz em ver Bland de novo que não conseguia parar de olhar para ele.

Ele nos levou até um lugar que os alemães chamam de BAMF, o Departamento Federal para a Migração e os Refugiados, que estava superlotado de refugiados.

"Somos sírios", nós dissemos para a recepcionista. Eles nos mandaram para um espaço onde fomos fotografados e depois ficamos esperando a nossa vez de ir até um balcão e preencher os formulários com o pedido de asilo. Entre as perguntas havia uma lista de doenças ou condições que deveríamos marcar caso fôssemos portadores. Paralisia cerebral não estava na lista, por isso Shiar sugeriu que eu escrevesse no final "*Ich kann nicht laufen*", que quer dizer "Eu não posso andar" em alemão.

A assistente nos disse que devido ao acúmulo de pedidos a entrevista demoraria cerca de três meses. Bland dera entrada com o pedido no dia 15 de julho, em Bremen, e ainda estava em um campo em Dortmund esperando pela resposta. Enquanto aguardávamos, seríamos enviadas para um campo até que eles conseguissem encontrar acomodações permanentes. Eles explicaram que normalmente as pessoas que pedem asilo são enviadas para um campo no mesmo dia, mas no nosso caso, como eu era menor e nossos pais não estavam conosco, teríamos de esperar no centro de registro de um dia para o outro.

Eles nos colocaram em um quarto que tinha apenas dois beliches e as paredes cobertas de pichações. Shiar e Bland não puderam ficar conosco, o que eu não esperava. Nem bem tínhamos nos reencontrado e já estávamos separados.

No dia seguinte tive uma entrevista com a pessoa responsável pelos menores e ela me perguntou se eu queria ficar com meu irmão e minhas irmãs, ou se preferia ficar sob custódia das autoridades alemãs e ir para o que eles chamavam de campo para menores de idade. Que pergunta idiota! Mais tarde eu descobri que os campos para menores tinham condições muito melhores e, então, provocava Nasrine dizendo que deveria ter ido para lá a aproveitar as camas confortáveis, sorvetes de chocolate e TV.

Após a entrevista fomos informados de que teríamos de esperar até às 14h para saber para onde iríamos. A Alemanha distribui os refugiados por todo o país de acordo com a população e a receita fiscal de suas dezesseis províncias, usando um sistema chamado de *Königsteiner Schlüssel*. Essas províncias, por sua vez, fazem a distribuição entre as cidades, que recebem financiamento dos governos local, estadual e federal para fornecer moradia e outros serviços. O problema é que éramos tantos que as autoridades estavam com dificuldades para lidar com a situação. Os municípios estavam sendo avisados com menos de 48 horas de antecedência sobre a necessidade de encontrar acomodação para centenas de refugiados. Estavam usando centros esportivos, estádios, quadras escolares, creches, áreas de escritórios e até mesmo o velho aeroporto construído pelos nazistas em Berlim, cobrindo com lona quadras de tênis ou campos esportivos. Em Colônia eles estavam até pagando hotéis de luxo.

Nós estávamos na província da Renânia do Norte-Vestfália, que estava recebendo mais de 20 por cento de todos os refugiados. Diziam que era um bom lugar para os refugiados; os moradores estavam acostumados a lidar com estrangeiros, já que nas décadas de 1960 e 1970 muitos curdos da Turquia haviam se estabelecido nessa província porque havia muitas indústrias precisando de mão de obra. Por isso havia menos preconceito. Foi por isso que Shiar decidiu morar ali, e também nosso tio. E é governada por uma mulher.

Finalmente anunciaram nossos nomes e disseram que iríamos para um campo em Essen, em um ônibus que sairia às 16h15.

O ônibus saiu às 16h30 – atrasado para os padrões alemães. Tio Ahmed e tia Shereen, com quem tínhamos ido de bote até Lesbos, estavam em um campo em Essen, e ficamos contentes por estarmos no mesmo lugar. Começamos a acompanhar nossa viagem no Google Maps e vimos que estávamos nos aproximando do campo em que eles estavam, mas então o ônibus se afastou.

O local para onde fomos levadas era um antigo hospital e eles nos deram um quarto no andar térreo, onde ficamos eu, Nasrine, Nahda e suas filhas. A equipe médica veio nos examinar para ver se tínhamos piolhos no cabelo, para vacinar as crianças e tirar amostras de sangue. No meu caso, quando eles colocaram a seringa, o sangue não saiu. A enfermeira disse que eu estava desidratada, pois havia comido e bebido muito pouco durante a viagem, e que eu deveria comer. Mas a comida era horrível, e eu não comi. Sempre fui muito exigente e Nasrine fica muito irritada, pois não tomo nada além de chá. Se ela muda um ingrediente em um prato de que eu gosto, sempre percebo e não como.

Na primeira manhã, Nasrine foi pegar meu café da manhã e voltou com cara de espanto. Outro primo nosso chamado Mohammed estava na fila – a última vez que o vimos tinha sido em Manbij.

Depois de todas as experiências da viagem eu tinha me acostumado com a vida em um campo e a ter muita gente ao redor, mas era chato, principalmente porque eu passava a maior parte do tempo no quarto. Havia um pequeno pátio e Nasrine me levava para pegar um pouco de ar; além disso, havia uma aula diária de alemão às 14h, mas eles ensinavam apenas as coisas básicas, como números, dias e meses, que eu já sabia.

Acabamos ficando em Essen por vinte dias. Estávamos preocupadas com relação ao lugar para onde nos mandariam. Ouvimos falar que estavam ficando sem espaço para os refugiados e ficamos com medo de acabar dormindo em um ginásio de esportes. Usei o fato de ser deficiente para pedir para falar com o chefe do campo e explicar que eu não poderia viver em um estádio; de qualquer forma, queríamos ir para Wesseling, perto de Colônia, pois nosso irmão morava lá e podia nos ajudar.

No dia 28 de setembro, depois de quatro dias naquele lugar, eu estava me sentindo muito triste. Pensava que, ao chegarmos à Alemanha, eu iria para a escola; em vez disso estávamos enfiadas em um campo. Naquela manhã Nasrine e Nahda tinham ido até um quarto onde estavam distribuindo roupas que haviam sido doadas e me deixaram olhando as crianças. Elas eram muito desobedientes, e eu não tinha outra coisa além da minha voz para controlar as meninas; acabei gritando com elas e isso me fez sentir quanto eu era fraca e inútil, e por isso comecei a chorar.

Então Nasrine apareceu segurando o celular e dizendo que tinha uma surpresa pra mim.

"O que é? Masoud Barzani [presidente do Curdistão iraquiano] quer falar comigo?", eu brinquei.

"Não! Veja isto", ela disse, abrindo um link para me mostrar um vídeo.

Era um programa de TV dos Estados Unidos chamado *Last Week Tonight*, apresentado por um britânico chamado John Oliver, e ele estava falando sobre os refugiados. Era irritante porque o sinal de internet do campo estava muito lento; eram tantos refugiados usando que o vídeo ficava travando. Então o programa mostrou minha conversa com Fergal Keane, o repórter da BBC, quando eu disse que queria ser astronauta e conhecer a rainha. Quase deixei o celular cair no chão.

John Oliver explicou como eu tinha aprendido inglês assistindo a *Days of our Lives* e que eu tinha ficado triste por terem assassinado EJ. "Como é que alguém pode não querer essa garota em seu país?", ele perguntou. "Ela iria melhorar qualquer país que a recebesse." Eu não conseguia acreditar que ele estava falando de mim. Mas não parou por aí. Ele falou sobre a terrível situação dos refugiados, sobre a maneira como o primeiro-ministro britânico, David Cameron, havia se referido a nós como um "enxame", que a Dinamarca estava publicando anúncios em jornais libaneses dizendo "Não venham" e sobre a hostilidade na Hungria, incluindo a postura da cinegrafista que havia esticado a perna.

Então ele disse que tinha uma surpresa para uma refugiada. Eles começaram a passar um vídeo mostrando a mão de um homem tocando uma campainha. A moça que abriu a porta era Sami, da novela *Days of our Lives*, e o homem que estava diante dela era EJ! "Não acredito!", ela gritou. Eu também gritei. Então eles se abraçaram, é claro. EJ explicou que, depois de levar o tiro, ele foi salvo por sua irmã, que o tirou do necrotério e fugiu com ele para a Alemanha, onde curandeiros fizeram uma mágica para ressuscitá-lo.

"Eu imagino como tudo isso deve ter sido horrível para você", Sami falou.

"Voltar dos mortos não é tão difícil", ele respondeu. "Sabe o que é difícil? Ir da Síria para a Alemanha." Ele falou um pouco sobre a crise dos imigrantes e então contou que tinha lido a respeito "dessa incrível garota de 16 anos de Kobani chamada Nujeen Mustafa".

"Nujeen Mustafa", Sami repetiu meu nome como se fosse uma coisa maravilhosa.

Eu estava completamente atônita, gritando como louca. Meus personagens favoritos da minha telenovela favorita, tão longe, nos Estados Unidos, falando de mim. Eles trouxeram alguém do mundo dos mortos por causa de uma refugiada síria! E eu também não esperava ver os dois apaixonados novamente.

Pouco tempo depois recebi um telefonema de uma senhora americana perguntando se eu queria o vídeo. É claro, eu disse. Então ela disse que os atores, Alison Sweeney e James Scott, que fazem Sami e EJ, gostariam de falar comigo. Quando ouvi a voz deles pelo telefone fiquei tão agitada que fiquei sem saber o que dizer. Contei a eles que a primeira coisa que fiz quando tive acesso ao Google na Turquia foi pesquisar o nome deles e que eu sabia que Alison era casada e que tinha dois filhos. Eu disse que a novela não tinha graça sem eles. Eu devo ter soado como uma fã boboca.

Nasrine estava em estado de choque. "Durante três anos você ficou às voltas com essas pessoas em uma telenovela americana", ela disse. "E agora eles vêm atrás de você? Como é que eles descobriram onde você está?"

No dia seguinte assisti ao vídeo de novo; depois gravei uma mensagem de vídeo em nosso pequeno quarto e postei no YouTube. "Hoje é meu dia de sorte", eu disse. "E no meu dia de sorte tenho algo a dizer para as vítimas da guerra em todo o mundo. Vocês são mais fortes e mais corajosos do que imaginam. E obrigada a todos os que me apoiaram durante a minha jornada. Desejem-me sorte e boa sorte para vocês!"

Ainda assim, na manhã seguinte acordei com a sensação de que haviam roubado alguma coisa de mim. *Days of our Lives* sempre foi uma coisa minha, particular. E o vídeo não era realista – EJ e Sami teriam brigado. Eu preferia que eles tivessem feito isso em vez de falar de mim.

TERCEIRA PARTE
Uma vida normal

Alemanha, 2015

"Afinal de contas, amanhã será outro dia."
— Scarlett O'Hara, em *E o vento levou*, de Margaret Mitchell.

18
Estrangeiros em uma terra estrangeira

Colônia, 1º de novembro de 2015

Ninguém deixa sua casa sem um motivo. Às vezes acordo no meio da noite por causa de um pesadelo com bombardeios, estendo o braço procurando minha mãe e ela não está ali, e eu fico triste. Mas depois de dois ou três minutos eu penso: Nujeen, você ainda está viva e longe dos bombardeios, está tudo bem. Aqui na Alemanha eu me sinto segura. Você pode sair para um passeio sem medo de morrer. As ruas estão livres de bombardeios, tanques, soldados do exército ou militantes do Daesh.

No dia 1º de novembro nós nos mudamos para nosso novo lar, no andar térreo de uma casa de dois andares que fica no subúrbio de uma cidadezinha chamada Wesseling, 16 quilômetros ao sul de Colônia. Ela é feita de tijolos e concreto em vez de pão de gergelim, e é marrom e bege, em vez de rosa ou azul, mas para mim ainda parece a Disneylândia, o tipo de lugar onde sempre sonhei morar.

Temos uma sala, um banheiro pequeno, uma cozinha e dois quartos; é bem apertado para mim e para minhas duas irmãs, mais as quatro crianças, principalmente porque Bland costuma ficar conosco. Mas é nossa – só nossa. Temos um sofá e uma mesa, um relógio na parede e uma lata de biscoitos de Natal que alguém nos deu para servir de decoração. Eu gostaria de ter alguma coisa da Síria – um conhecido refugiado nos disse que trouxe suas formas de falafel na bolsa durante a viagem por toda a Europa. Não temos nem sequer uma foto da família em Alepo; imagino que, se soubéssemos que iríamos nos separar e que não voltaríamos quando saímos de lá, quatro anos atrás, teríamos tirado uma. Mas naquela época estávamos preocupados apenas com nossa sobrevivência.

O estado alemão dá a casa e também paga as contas. Recebemos 325 euros mensalmente por adulto e 180 euros por cada criança; usamos esse dinheiro para comprar comida e roupas e pagar o transporte. Não dependemos mais de Mustafa.

Essa é nossa segunda casa em Colônia. Quando nos tiraram do campo em Essen, no dia 15 de outubro, fomos para um conjunto de apartamentos para refugiados. O apartamento ficava no primeiro andar e tinha um lance de escadas que não era muito fácil pra mim, e tínhamos de dividir o espaço com uma família argelina – uma viúva, sua filha e sua neta. Cada família tinha dois quartos, mas dividíamos o banheiro e a cozinha. Cada uma de nós recebeu um colchão e um cobertor, panelas, pratos e talheres. O apartamento era aquecido por uma caldeira a carvão que não funcionava direito, por isso era muito frio e ruim para minha asma.

Mas o maior problema era que o marido da mulher, que era sírio, havia acabado de morrer e muitos dos parentes tinham vindo da França para o funeral. Seis adultos e quatro crianças ficaram no apartamento, e todos os dias chegavam parentes que precisavam comer. Era uma maluquice, e nós não conseguíamos entrar na cozinha. Tivemos que pedir a Bland para nos trazer comida.

Depois de uma semana procuramos o Serviço Social e dissemos que não podíamos continuar ali. Eles acabaram encontrando esta casa em uma rua larga com famílias alemãs. Não conhecemos nossos vizinhos. Para nós, a Alemanha é um lugar frio – as pessoas não entram nas casas dos outros como fazemos na Síria. Eles não valorizam tanto os laços familiares como nós. Eu tinha visto nos filmes o modo como os filhos deixam os pais, por isso eu sabia como era, mas ver uma coisa dessas na vida real é algo estranho para nós.

A Alemanha é muito engraçada. As pessoas são como máquinas – acordam a determinada hora, comem em uma determinada hora e ficam muito estressadas se o trem atrasar dois minutos. Nós achamos graça dessa disciplina, mas gostamos do fato de que tudo é muito correto, não é como na Síria, onde para conseguir um bom emprego você precisa conhecer alguém que tenha uma posição no regime. Aqui todo mundo paga seus impostos, tudo é muito limpo e todo mundo parece trabalhar muito – por isso a Alemanha produz tanto.

Bland até gosta do tempo, principalmente da chuva. Eu gosto da variedade das estações, da diferença tanto nas cores das folhas como das nuvens. Às vezes eu sinto falta das estrelas que ficávamos observando do telhado da nossa casa em Manbij. Acima de tudo, nós gostamos do fato de nos sentirmos seguros. A maior dificuldade é a língua. Nahda diz que é muito difícil para ela, aos 34 anos, aprender uma nova língua. Ela fica triste porque o diploma de Direito, que foi tão difícil de conquistar sendo a primeira mulher da nossa família a ir para a universidade, agora é inútil. Mas está feliz por ver suas filhas irem para a escola sem medo.

Sinto falta do pão sírio e ainda acho estranho o fato de todo mundo comer com garfo e faca e não com as mãos. Sinto falta da familiaridade da Síria – aqui não estou familiarizada com nada e estou sempre preocupada, pensando se o meu comportamento poderá causar uma impressão errada, ainda que seja normal em meu país.

Há uma nuvem negra pairando sobre a nossa nova casa – as pessoas do andar de cima não gostam de nós. Eles são um casal alemão de meia-idade com um filho adulto; assim que nos mudamos eles procuraram o Serviço Social para reclamar: por que temos refugiados no andar de baixo? Certa vez as filhas de Nahda estavam brincando e a mulher saiu gritando como uma dessas vilãs de cinema e chamou a polícia. Ficamos com medo de que nos mandassem embora e por isso procuramos ficar bem quietas, impedindo que as crianças façam barulho para que ela não reclame de novo. Mesmo assim, ela ainda grita muito conosco.

Ficamos chocadas com o fato de alguém ter algum problema com relação a nós, afinal, somos apenas um grupo de mulheres jovens e meninas; e minhas irmãs sempre deixam tudo em ordem, impecavelmente limpo. Usamos jeans e camisetas, e não hijabs do Daesh. Acho que ela tem algum problema com refugiados e não conosco especificamente. Eu ainda não tinha pensado no que realmente significa ser um refugiado; que não temos direitos, que as pessoas podem se sentir intimidadas e olhar pra nós como se fôssemos alienígenas ou como se fôssemos pessoas sem vida que se matam umas às outras, sem perceber que fazemos as mesmas coisas que elas fazem – levantamos de manhã, escovamos os dentes e vamos para a escola ou para o trabalho.

Tínhamos acabado de sair do campo quando ouvimos uma notícia chocante. No sábado, dia 18 de outubro, uma política chamada Henriette Reker, candidata à prefeitura de Colônia, foi esfaqueada no pescoço quando fazia campanha. Ela estava distribuindo rosas em um mercado quando um homem se aproximou com uma rosa, puxou uma faca de 30 centímetros e a atacou no pescoço, cortando sua traqueia.

O agressor, Frank S., era um homem de 44 anos, desempregado e com raiva por causa da imigração. *Frau* Reker tinha chefiado o serviço de acolhida aos refugiados nos últimos cinco anos e era bastante solidária conosco, defendendo a integração social, enquanto mais refugiados continuavam a chegar à cidade – 10 mil no ano anterior, e mais 200 a 300 chegando todos os dias de trem. "Isto é pra você!", o homem gritou enquanto ela caía no chão. Depois ele atacou quatro pessoas da equipe de *Frau* Reker, gritando: "Os estrangeiros estão tirando nossos empregos".

Ficamos horrorizados com o fato de que uma mulher tão generosa pudesse ser atacada por defender os refugiados – ataque a políticos parecia o tipo de coisa que aconteceria em nosso país. Naquela noite todos oramos por ela. *Frau* Reker ficou em coma no hospital durante a realização da eleição no dia seguinte. Ela venceu com mais de 52 por cento dos votos. Graças a Deus ela se recuperou e se tornou a primeira prefeita de Colônia.

Quanto a Frank S., revelaram que há muito tempo ele estava envolvido com movimentos neonazistas e já tinha passado três anos na prisão por agressão. Ele até participou de uma demonstração em homenagem a Rudolf Hess, vice-líder do Partido Nazista de Hitler, que se suicidou na prisão em 1987.

Felizmente, a maioria dos alemães não é assim. Pelo contrário, eles são bastante acolhedores; parece até que desejam oferecer uma compensação pela Segunda Guerra Mundial. Um dia saímos para passear e pegamos o ônibus até a cidade de Brühl, que tem um grande palácio com paredes pintadas de amarelo, com jardins ornamentais repletos de fontes e um lago. Enquanto andávamos ao redor do lago, as pessoas sorriam e até os patos pareciam nos dar as boas-vindas. No Natal, duas pessoas bateram na nossa porta trazendo presentes para as crianças e também para mim. Fiquei feliz por ainda ser considerada criança. Outro dia, eu estava chegando a casa com Nasrine depois de uma consulta médica e encontramos um dos nossos vizinhos. Ele deu a ela uma sacola cheia de chocolates.

Menos de duas semanas depois de nos mudarmos para a casa, Shiar veio nos visitar e assistimos a uma partida de futebol em seu laptop, como costumávamos fazer antigamente. O jogo foi entre a França e a Alemanha, em Paris, e nós torcemos pela Alemanha, pois era nosso novo país contra o antigo invasor, mas infelizmente eles perderam por dois a zero. Estávamos conversando depois do jogo quando percebemos que todos os espectadores estavam se reunindo no campo. No início pensamos que estivessem celebrando, mas então prestamos atenção aos comentários. Tinha havido um ataque terrorista – três pessoas tinham se matado com explosões do lado de fora do estádio – e por isso a polícia estava mantendo todo mundo lá dentro. Os jogadores até acabaram dormindo lá mesmo.

Depois falaram em tiroteios em bares e restaurantes onde as pessoas estavam aproveitando a noite, e dentro de uma sala de espetáculos chamada Bataclan, onde centenas de jovens assistiam à apresentação de uma banda de heavy metal americana. Ao todo, na noite desse ataque, morreram 130 pessoas.

Não muito tempo depois o Daesh emitiu uma declaração assumindo a responsabilidade. "Que a França e todos os países que estão seguindo seu exemplo saibam que continuarão no topo da lista de alvos do Estado Islâmico e que o cheiro da morte permanecerá em suas narinas enquanto participarem da campanha de cruzados [...] e se vangloriarem de sua guerra contra o islamismo na França, e de seus ataques contra os muçulmanos nas terras do Califado com seus jatos."

"Isto é só o início da tempestade", eles avisaram.

Ficamos muito tristes. É claro que nunca tínhamos ido a Paris, mas todo mundo conhece a Cidade Luz. "Este mundo enlouqueceu", Nasrine falou. "É muito triste ver uma das cidades mais bonitas do mundo de luto. Que tipo de gente é essa que acha que, porque as pessoas estão morrendo na Síria, as pessoas também devem morrer em Paris?"

Logo os ataques foram ligados à crise dos refugiados porque um passaporte sírio foi encontrado perto de um dos terroristas suicidas que se explodiu do lado de fora do estádio. Estava em nome de Ahmad al-Mohammad, um rapaz de 25 anos de Idlib, e as autoridades gregas disseram que as impressões digitais batiam com as que foram colhidas em outubro quando uma pessoa com aquele passaporte entrou na ilha de Leros vindo da Turquia. Como nós, o homem depois foi para a Sérvia, onde as autoridades colheram impressões digitais compatíveis com aquelas colhidas na Grécia. No dia seguinte ele cruzou a fronteira para a Croácia, segundo uma autoridade de segurança da Sérvia.

O primeiro-ministro francês disse: "Esses indivíduos se aproveitaram da crise dos refugiados... do caos, talvez, para entrar na França". Outro dos terroristas, Najim Laachroui, tinha lutado com o Daesh na Síria e viajou escondido entre os refugiados no início de setembro para Budapeste, onde se encontrou com outro terrorista.

Era horrível pensar que algumas das pessoas que viajavam conosco pelos caminhos, que cruzavam campos de girassóis e nos ônibus e trens talvez fossem terroristas. No entanto, como disse Bland, parecia estranho levar um passaporte para se explodir, e durante a viagem nós tínhamos visto muitos atravessadores vendendo passaportes falsos.

Ficamos preocupados com a possibilidade de as pessoas pensarem que os refugiados eram terroristas e ficarem com medo de nós. Nós mesmos tínhamos fugido do terrorismo, em busca de segurança, porque esse tipo de ataque estava acontecendo em nosso país. Não queremos machucar ninguém.

Depois do ataque ocorreram alguns protestos contra os imigrantes. A Alemanha começou a rever os pedidos de asilo dos sírios em vez de aceitá-los sem restrições como tinha feito durante todo o ano. Isso não foi bom para nós, pois ainda estávamos esperando nossas entrevistas. Algumas pessoas chegaram a colocar fogo em abrigos para refugiados – mais de oitocentos foram atacados em 2015. Mas, de modo geral, os alemães continuaram abertos e simpáticos, como tinham sido desde que chegamos. Talvez seja mais fácil para mim por causa da cadeira de rodas, pois pareço inofensiva.

Quando ouvi as notícias sobre os ataques a Paris fiquei feliz por não termos TV. Acontecem muitas coisas ruins no mundo, e eu não quero assistir. Este é um velho princípio de Nujeen: se você quer continuar feliz e saudável, não assista aos noticiários.

19
Finalmente uma estudante

Colônia, 30 de novembro de 2015

No primeiro dia em que fui para a escola, faltava apenas um mês para o meu 17º aniversário. Eu estava nervosa, mas também feliz porque finalmente poderia dizer que fiz uma coisa normal na vida. É claro que não era como nos meus sonhos, nos quais parecia uma garota de um filme americano, caminhando com meus livros, com o cabelo balançando enquanto conversava com minhas amigas sobre namorados ou nossos filmes preferidos.

Nesses sonhos, depois da escola talvez fôssemos tomar um sorvete, e eu perguntaria às minhas amigas se elas conheciam a história do Faraó e da esfinge. Se elas dissessem que não, eu contaria como o príncipe egípcio Tutmés saiu para caçar gazelas no deserto, perto das pirâmides, e deitou para descansar do calor do sol sob a sombra da esfinge. Enquanto dormia, ele teve uma visão; a esfinge apareceu para ele e disse: "Se você tirar toda a areia que está me encobrindo, você se tornará rei". E assim ele fez e se tornou o Faraó Tutmés, no lugar de todos os seus irmãos, e até hoje a história está inscrita em uma pedra de granito rosa entre as patas da esfinge. Eu seria a garota inteligente, meio nerd, da turma. Isso é o que imagino. Mas então olho para baixo, vejo a cadeira de rodas e volto à realidade. Sim, tenho uma cadeira de rodas e minha escola é uma escola especial, nada parecida com *High School Musical*.

Todos os dias, um ônibus me pega às 7h da manhã e me leva até a LVR-Christophorusschule, em Bonn, onde fico das 8h às 15h30. A escola ocupa um prédio cor de gelo de dois andares, com painéis verdes na frente e um terraço de concreto na laje; na entrada, em vez de bicicletas e *scooters*, muitos andadores e cadeiras de rodas. A escola também tem duas mesas de pebolim, que um dia quero jogar.

Estou em uma classe com dez adolescentes de 15 anos, por isso sou a maior e me sinto uma velha. Eles são quase todos alemães, mas uma garota nasceu nos Estados Unidos, um garoto tem o pai americano e a mãe inglesa, e outro é jordaniano. Todos são "especiais" de maneiras diferentes: alguns não têm problemas físicos, mas são autistas; outros não falam e usam iPads para se comunicar, como Stephen Hawking, apesar de não serem tão inteligentes! Uma das garotas se comunica por meio de botões, nas cores amarela e vermelha, que ela aperta para emitir uma mensagem gravada dizendo o que ela quer.

O primeiro dia foi difícil porque evidentemente eu quase não falava alemão. Felizmente, a primeira aula para onde fui levada era de Inglês, por isso parecia que eu sabia tudo. Depois fizemos uma torta e uma espécie de biscoito, o que foi estranho para mim porque eu nunca tinha cozinhado. Não sou muito boa com as mãos, faço muita bagunça.

Nós temos três professores, que ensinam Alemão, Matemática, História, Inglês e Ciências. No início eu tinha muita dificuldade. Em Matemática, não conseguia acompanhar as linhas do caderno de exercícios e nunca tinha feito coisas como multiplicação.

Os professores e os outros alunos ficaram espantados por eu nunca ter feito contas de multiplicar, mas eu aprendo rápido e faço a única coisa em que sou muito boa, que é ouvir, ouvir, ouvir. Quando fico frustrada por não conseguir fazer alguma coisa, eu me tranquilizo dizendo a mim mesma que muita gente famosa já foi refugiada – Albert Einstein, Madeleine Albright, Gloria Estefan, George Soros. Até mesmo Steve Jobs era filho de um refugiado sírio.

Temos esportes como natação, que eu não faço, e fazemos uma pausa para o almoço. Mas é claro que não gosto da comida da escola, por isso Nasrine levanta às 6h para me preparar um sanduíche e uma garrafa de chá. Os professores reclamam que eu não faço amizades, mas quero passar o tempo aprendendo e, como eu disse a eles, não sou uma pessoa muito sociável. Durante toda a minha vida, fiquei em um círculo onde me sentia à vontade e cresci entre adultos. Não é que não goste das outras crianças. Tem uma garota muito doce chamada Lily, e outras de quem eu gosto, chamadas Carmen e Amber. Mas elas têm interesses diferentes. Conversam a respeito de Justin Bieber e sobre filmes como *Frozen*, e não sobre livros como *E o vento levou*.

Gosto de Biologia porque ajuda a aprender tudo a respeito do corpo, caso eu fique doente e precise ir ao médico. E é claro que gosto de Física, porque quero ser astronauta; mas depois da primeira aula eu fui pra casa e chorei porque parecia não ter nada a ver com a Física de alguém que seria uma grande cientista. Em vez de aprender sobre o espaço ou a gravidade, fizemos uma árvore de Natal em uma tábua de madeira. Pior ainda; por causa da fraqueza dos membros e dos meus dedos tortos, eu não conseguia segurar a prancha para prender a árvore de Natal. Ficou meio ridículo, e as filhas de Nahda quebraram o trabalho quando o levei para casa.

O objetivo dessa escola é nos capacitar para que sejamos o mais independentes que pudermos e, quando sairmos daqui, aos 18 anos, possamos fazer o que eles chamam de trabalho vocacional.

Não temos instalações como essas na Síria, e eu sei que tenho muita sorte – muitos alemães acham que escolas especiais como essa são muito dispendiosas e que os deficientes deveriam ir para as escolas comuns, como todos os outros. Talvez um dia eu vá. Sei que nunca enfrentei minha deficiência na Síria porque não saía de casa e assim evitava os olhares das pessoas. Os professores daqui acham que preciso ser realista, me aceitar como sou e tocar a vida, aprender a comer sozinha e dirigir minha cadeira, em vez de ficar falando em ser astronauta ou andar normalmente. Mas não consigo tirar da cabeça a imagem de Nasrine sentada em minha cadeira quando estávamos em um parque na Turquia e como achei aquilo feio.

E, depois da novela em que se transformou a minha vida, acho que tudo é possível.

Na escola tenho o acompanhamento de uma fisioterapeuta, que é muito bacana, mas ela ficou chocada quando soube que eu não tinha feito exercício nenhum durante tantos anos. Eu falei da asma, da revolução e da guerra, que pararam tudo. Faço alongamento em um colchonete para ter mais flexibilidade e ando em uma espécie de bicicleta para fortalecer os músculos. Já estou sentindo a diferença.

Pouco depois de ter começado a frequentar a escola, fui a um hospital em Bonn para fazer alguns testes. Foi a primeira vez que ouvi o nome correto do meu problema – tetraespasticidade. A má notícia é que o médico disse que não vai passar e que eu terei que aprender a viver com ela. Ele disse que vou precisar fazer outra operação e prescreveu um remédio para diminuir a atividade das minhas pernas – o remédio diminui a carga do cérebro sobre os meus nervos, que faz tudo enrijecer e minhas pernas pularem no ar. Eu tenho sorte porque estou no estágio 1 da doença. Se estivesse no estágio 2, 3 ou 4, como algumas das crianças da escola, não conseguiria segurar uma caneta.

A escola também me encaminhou para um oftalmologista e um dentista. "É muita coisa pra consertar!", eu disse a eles.

Um dia Nasrine veio até a minha escola e disse que alguns dos meus colegas de classe têm muito mais dificuldades do que eu, mas são muito mais independentes. Eles andam pra lá e pra cá sozinhos, pegam suas bebidas e suas refeições, sem esperar por uma irmã. Por isso agora estou tentando ser mais independente. Pela primeira vez na vida estou me vestindo e penteando o cabelo sozinha, embora Nasrine ainda precise acordar cedo para me ajudar a ficar pronta de manhã. Ainda sonho que um dia Nasrine irá se casar e ter filhos, e eu irei para a faculdade e ela vai me ajudar com a Física.

Eu não consigo imaginar alguém se casando com uma pessoa que não consegue ficar em pé. Realmente acho que tenho a capacidade de amar alguém e me imagino sendo mãe, mas tenho medo de pensar nessas coisas. Em nossa sociedade, não temos esse tipo de amor cinematográfico. Casamento é algo que minha mãe deve arranjar, mas sempre que falo a respeito disso com Ayee ela imediatamente diz "Pare". Talvez eu me torne inteiramente alemã e siga o estilo de casamento deles. De qualquer forma, por enquanto sou muito jovem e tenho muitas outras coisas em que pensar.

Sinto que perdi muita coisa. Quer dizer, só estou indo para a escola agora, por isso, se for para a faculdade, terei 30 anos quando terminar. O principal é que finalmente consegui ter a vida normal com que sempre sonhei, acordando de manhã, indo para a escola, fazendo lição de casa. Eu só gostaria que Yaba e Ayee pudessem vir para me ver fazendo essas coisas, acordando cedo, indo para a escola com minha mochila azul e rosa, cheia de pastas vermelhas.

20
Um ano-novo assustador

COLÔNIA, 1º DE JANEIRO DE 2016

Hoje eu fiz 17 anos, meu primeiro aniversário em nosso novo país. Nós não comemoramos – eu não comemoro meu aniversário desde que a guerra começou e nós saímos de Alepo. Mas tive uma surpresa. Chegou um pacote com um presente de James, o ator que fez EJ, uma corrente de prata com um pingente que representa capricórnio, o meu signo. Nasrine não acreditou.

Aconteceu que não foi um bom dia. Nós ficamos sabendo que na noite anterior, véspera do ano-novo, havia ocorrido algo terrível. Como fazíamos no nosso Newroz, os alemães recebem o ano-novo com fogos de artifício e festas. Em Colônia, eles normalmente se reúnem ao redor da catedral. Naquela noite, na praça próxima à estação, mais de seiscentas mulheres foram atacadas, muitas delas estupradas. Gangues de bêbados com "olhos injetados de sangue" tinham avançado contra a multidão, atacando as mulheres jovens, roubando dinheiro e celulares. Algumas tiveram as calcinhas arrancadas ou fogos de artifício atirados em suas roupas.

A polícia tentou suprimir as notícias a respeito do que havia acontecido, talvez com medo de alimentar as tensões, e os relatórios demoraram alguns dias para vir à tona. Quando isso aconteceu, houve uma histeria coletiva porque Ralf Jäger, o ministro do interior do estado, disse que os agressores eram "exclusivamente" pessoas "originárias da migração". Todo mundo ficou em choque, e a oposição disse que é isso o que acontece quando você abre as portas para muita gente. Uma organização chamada PEGIDA (Europeus Patrióticos contra a Islamização do Ocidente) exigiu a saída dos refugiados, gritando "Alemanha para os alemães".

Não sabíamos o que pensar. Não conseguíamos imaginar os sírios que conhecíamos fazendo uma coisa daquelas. Como Nasrine costuma dizer, "o problema é que existem bons refugiados e refugiados maus, assim como existem pessoas bem-educadas, que julgam as pessoas pelo que elas são, não pelo lugar de onde vêm, e pessoas mal-educadas, que fazem o contrário". Nossa cultura é diferente e pode ser que alguns muçulmanos, quando veem as moças alemãs com pouca roupa, ou quando ficam sabendo de garotas grávidas sem estarem casadas, comportem-se da maneira errada. Mas abuso sexual é errado em qualquer lugar.

Um grupo de refugiados sírios e paquistaneses ficou tão incomodado que escreveu para Angela Merkel para dizer: "Nós nos esforçamos para defender a honra e a dignidade das mulheres. Respeitamos as leis do país que nos acolheu sem questioná-las. Estamos felizes por termos recebido proteção na Alemanha". De qualquer forma, não demorou muito para surgir a turma do linchamento, que passou a atacar imigrantes. Dois paquistaneses foram seriamente espancados, assim como dois sírios e três pessoas oriundas da Guiné. Também houve protestos com pessoas segurando cartazes que diziam "Refugiados estupradores não são bem-vindos. Fiquem longe".

Também ocorreram ataques semelhantes na véspera de ano-novo em Hamburgo e em outras cidades alemãs, e os ânimos começaram a mudar. Em todo o país aconteceram mais ataques com fogo contra abrigos, e o Conselho Central para os Muçulmanos, que é o principal grupo muçulmano na Alemanha, recebeu tantos telefonemas ofensivos que foi obrigado a desligar os telefones. Almin Mazjek, presidente do Conselho, disse: "Estamos vivenciando uma nova dimensão de ódio. A extrema direita vê seus preconceitos confirmados e uma oportunidade para liberar o ódio aos muçulmanos e estrangeiros".

Ficamos ainda mais assustados do que depois dos ataques em Paris porque isso tudo estava acontecendo ali, onde vivíamos. Tínhamos medo de que os ataques e o ódio que eles haviam provocado pudessem ter consequências no longo prazo, que a oposição alemã dissesse: "Meu Deus, o que foi que você fez, senhora Merkel? Você trouxe essas plantas estranhas para o nosso solo". E então ela poderia se arrepender e mudar de opinião. Ela contava com o apoio de menos da metade dos alemães, e eu não acredito que os políticos façam alguma coisa sem antes pensar em seus próprios interesses. Esse é o mundo real, e eu gostaria de viver em um mundo melhor.

Começamos a ficar com medo de que nos expulsassem, e não sabíamos para onde correr. As pessoas ficarão muito agressivas, nós pensamos, as coisas vão piorar e precisamos estar preparados. Esperávamos muitos protestos e pessoas gritando "Fechem a porta!".

"Nós precisamos ser embaixadores do nosso país e dos refugiados", eu disse a Nasrine.

A polícia de Colônia prendeu 58 pessoas. Em fevereiro, um relatório do promotor público local Ulrich Bremer disse que apenas três dos presos eram refugiados – dois sírios e um iraquiano. Os outros eram imigrantes norte-africanos que viviam no país há muito tempo e três eram alemães.

Policiais e vans agora patrulham o entorno da catedral todas as noites, como um lembrete daquela terrível véspera de ano-novo. Graças a Deus que a senhora Merkel continuou a resistir aos pedidos para que fechasse as fronteiras para os imigrantes. E eles continuaram a chegar.

Um total de 91.700 refugiados entrou na Alemanha em janeiro de 2016 – cerca de 3 mil por dia, menos de um terço da época de pico, quando viemos, mas ainda assim muito mais do que as autoridades governamentais dizem que conseguem administrar. Em 2015 a Alemanha registou 1 milhão e 100 mil pedidos de asilo, número cinco vezes maior que o de 2014. A maioria é de sírios.

Um desses pedidos é da minha terceira irmã, Nahra, a que gosta de moda e que me ensinou a ler. Ela veio pelo mesmo caminho que nós, cruzando o mar com seu marido e seu bebê de sete meses. Seria mais difícil se fosse em outra época, mas o mar estava tão calmo quando eles atravessaram que ela até filmou com o celular.

21
Um lugar chamado lar

Colônia, julho de 2016

Outro dia fiz uma lista de todos os reis e rainhas da Inglaterra desde 1066 – são 36.

Eu gostaria de um dia ir para a Inglaterra para ver seus castelos e também a Torre de Londres, porque ouvi falar da jovem princesa que desapareceu quando estava trancada lá; talvez tenha sido assassinada – algo que Assad faria. Também gostaria de ir a Nova York para ver o Empire State Building; e para São Petersburgo, para ver o Palácio de Inverno, onde os Romanov viviam e realizavam grandes bailes.

Nenhuma dessas coisas parece impossível agora. Acabei de fazer minha primeira viagem com a escola. Passamos duas noites em um hostel para jovens em um parque chamado Panarbora, a uma hora de distância de Colônia, cercado por florestas e pela natureza até onde a vista alcança. Choveu, é claro, então tudo ficou encharcado.

Durante o dia saíamos com os professores e eles nos diziam quais eram os nomes das plantas, das árvores e dos pássaros. Eles também nos levaram até o topo de uma torre de observação que ficava acima das árvores, mas tudo o que conseguimos ver foi neblina. Ao voltar para o hostel nós brincamos de desafios – quando chegou a minha vez, eu disse que falaria o nome de dez capitais em um minuto e meio enquanto tomava chocolate quente. Uma das minhas colegas de classe, que é muito lenta para fazer as coisas, disse que pintaria um de nós e no final teríamos de adivinhar quem era – e no fim das contas era eu!

Então nós fizemos um Banho de Cumprimentos: formamos um semicírculo e nos revezamos, indo um por vez à frente de todos os outros; então cada um tinha que escrever em um cartão o que mais gostava naquela pessoa. No meu caso eles disseram que eu falava alemão bem, era um gênio para aprender línguas, tinha um sorriso simpático e era engraçada e carinhosa.

Eu sempre quis ter essas lembranças de uma viagem com a escola. Elas vieram tarde, mas antes tarde do que nunca. Dividi o quarto com outras três garotas da minha classe. Só uma delas podia andar. Mas eu comecei a perceber que não tinha importância. Foi a primeira vez que dormi em um lugar sem ter quem cuidasse de mim e foi uma sensação boa. Na primeira noite, porém, eu quase chorei porque fizemos uma fogueira e nos deram uns pãezinhos alemães espetados em palitos e eu não sabia como grelhar os pães sem queimar. Odeio me sentir idiota ou estranha, e quando eles começaram a cantar, é claro que eu não conhecia nenhuma das canções alemãs.

Quando o ônibus me deixou em casa, em Wesseling, minha família queria saber se eu tinha sentido saudade. E eu percebi que na verdade não tinha, porque fizemos tantas coisas e tudo era tão novo. O momento mais triste aconteceu no final, quando os professores disseram que iríamos pra casa. E eu pensei: que casa? Não há como voltar para o meu país.

É claro que nunca me esqueço da Síria. Agora nós temos uma TV e um iPad, que eu ganhei dos fãs de *Days of our Lives*, e todos os dias nós vemos o que está acontecendo por lá pelo Facebook. Um dia alguém postou um filme da nossa rua em Alepo, a George al-Aswad, e tudo havia sido destruído, como em Dresden, menos o nosso prédio, que continuava em pé como na época em que meus pais foram até lá. Às vezes, quando vejo os bombardeios, pessoas inocentes fugindo, a guerra parece estar ocorrendo em uma terra distante, como se não tivesse nada a ver comigo.

Pode parecer impossível, mas tudo ficou ainda mais complicado. Pouco tempo depois da nossa chegada à Alemanha, os russos – que sempre apoiaram Assad – se envolveram ainda mais na guerra, enviando sua força aérea e iniciando ataques, às vezes até sessenta por dia. Eles diziam que estavam atacando o Daesh, mas parecia que o alvo principal eram os rebeldes, e também hospitais. Eles retomaram Homs, que parece uma cidade-fantasma, e expulsaram o Daesh da antiga cidade de Palmira; depois mandaram uma orquestra sinfônica para tocar um estranho concerto da vitória em meio às ruínas. Agora a cidade é controlada pelos russos.

Assad lançou um grande ataque contra Alepo para assumir o controle da cidade, mesmo que ela vire poeira, e está bloqueando o acesso em todas as estradas. E isso não é tudo. Ele jogou tantas bombas de barril sobre a cidade de Daraya, perto de Damasco, um dia depois que as Nações Unidas e a Cruz Vermelha levaram comida pela primeira vez em três anos para as pessoas que estavam morrendo de fome, que um funcionário da ONU descreveu a cidade como "a capital das bombas de barril da Síria".

"Há alguma coisa profundamente errada em um mundo em que ataques a hospitais e escolas se tornaram tão comuns que já não provocam reações", disse Stephen O'Brien, subsecretário geral da ONU para Assuntos Humanitários. Ele disse ao Conselho de Segurança que "a verdadeira medida [do sucesso] ocorrerá quando esses cercos medievais não existirem mais, quando meninos não correrem mais o risco de ser alvejados por atiradores quando levarem remédio para suas mães, quando os médicos puderem prescrever tratamentos a fim de salvar vidas sem o medo de ataques iminentes, quando as garotas iazidis não tiverem de arranhar o rosto pelo medo de serem vendidas e escravizadas sexualmente. Essa é a repugnante realidade na Síria atualmente".

Ainda assim, políticos ocidentais começaram a dizer "melhor o diabo que você conhece" com relação a Assad, e parece que o mundo simplesmente o aceitou apesar de todas as barbaridades que ele cometeu e de todos os limites que ultrapassou. O Ocidente parece estar preocupado apenas com o Daesh pelo fato de ter atraído muitos dos seus jovens para a luta; depois eles voltam pra casa e realizam ataques em cidades ocidentais, como Paris e Bruxelas. Eles continuam bombardeando o Daesh no Iraque e na Síria, e as pessoas dizem que ele perdeu boa parte do seu território e muitos dos seus líderes e está se preparando para o fim do califado.

Quanto a Manbij, depois de dois anos sob o controle do Daesh, soubemos que foi quase totalmente retomada pelas milícias curdas, a nossa YPG, trabalhando com alguns dos xeiques árabes locais e recebendo apoio dos ataques aéreos americanos. Infelizmente, alguns desses ataques mataram dezenas de civis, incluindo crianças. Cerca de 45 mil pessoas fugiram, mas milhares estão cercadas e sem alimentos. Manbij é um ponto-chave na rota do Daesh para sua capital, Raqqa, por isso é tão importante para eles. A propósito, a YPG, com a ajuda dos Estados Unidos, é responsável por quase todas as conquistas territoriais sobre o Daesh no norte da Síria, o que nos enche de esperança de conseguir nosso Curdistão. Mas as pessoas estão preocupadas porque o presidente Erdogan enviou aviões turcos para atacar alvos na fronteira. "Manbij não pertence aos curdos; é um lugar onde vivem árabes", ele disse. "Se necessário, resolveremos o assunto sozinhos."

Falamos todos os dias com meus pais em Gaziantep via Skype. Yaba está triste. "Acho que meu país está perdido", ele diz. "Combates por toda parte. Deixei para trás meus campos e meus filhos não oram." Ele sempre reclama que não fazemos nossas orações, o que não é verdade. Sou mais religiosa do que pareço e fui criada em um país onde a crença religiosa é muito firme. Minhas irmãs estão jejuando por causa do Ramadã. Mas tem uma coisa que não contei a ele. Minha escola às vezes nos leva até a igreja. Gosto da música, é incrível, mas não canto com os outros porque sem querer posso cantar algum verso da Bíblia. Tudo no islamismo tem consequências. Ir até a igreja durante o Ramadã – que ironia!

Estou me acostumando com a escola, falando alemão e até fiz amizades, que às vezes aparecem nos meus sonhos em vez dos bombardeios, apesar de os professores ainda reclamarem que não socializo muito. A escola conseguiu uma nova cadeira de rodas para mim, que é azul, minha cor favorita, e não é tão larga quanto a outra, na qual eu me afundava. O mais importante é que ela é leve, então posso manobrá-la sozinha, até mesmo para subir e descer da calçada, e eu até comecei a jogar basquete para cadeirantes.

Nasrine está fazendo aulas de alemão todas as tardes, por isso talvez eu perca meu trabalho como tradutora da família. Já não me importo tanto com isso, porque acho que eu talvez sirva para outras coisas.

Agora que temos uma TV em casa, nos reunimos para assistir ao futebol, como nos velhos tempos, e até pedimos minha pizza favorita.

Se for jogo do Barcelona e eles perderem, principalmente para o Real Madrid, eu grito para Nasrine: "Saia daqui, não quero falar com você!". Ela não gosta disso, mas fico feliz porque apesar de tudo ainda sou uma adolescente normal que pode gritar se o meu time perder e cuja essência continua viva. Nós torcemos pela Alemanha na Eurocopa e ficamos tristes com a derrota na semifinal.

Um dia nós fomos até o zoológico de Colônia e vimos muitos animais que eu só conhecia dos documentários a que assistia, como flamingos cor-de-rosa, girafas e piranhas, que podem comer a carne de uma pessoa em 90 segundos. Uma ave com uma espécie de saia de penas coloridas se aproximou para ver minha cadeira de rodas como se nós duas fôssemos criaturas estranhas. Enquanto estávamos ali, encontramos alguns curdos – nós, curdos, sempre nos reconhecemos, onde quer que estejamos!

Agora que nossa vida está normalizada, tenho uma longa lista de pessoas que pretendo pesquisar – Margaret Thatcher, Steve Jobs, Bill Gates e também Einstein. Ele era um louco ou um gênio? Eu também gostaria de voltar para os Alpes austríacos e encontrar o castelo com uma foto da verdadeira Bela, de *A Bela e a Fera* – minha história favorita quando eu era criança. Quando estava em Alepo assisti a um documentário chamado *A verdadeira história de A Bela e a Fera*, sobre um homem chamado Petrus Gonsalvus, nascido em Tenerife no século XVI, que era coberto de pelos da cabeça até os pés, como um lobo. Ele sofria de uma condição rara chamada hipertricose, que só afeta homens; existem cerca de cinquenta pessoas com essa doença no mundo atualmente. Petrus foi tirado de seu lar quando era menino e entregue ao rei Henrique II da França; a rainha Catarina de Médici arranjou seu casamento com uma linda moça que não sabia como era sua aparência. Mas ficou com ele e eles tiveram sete filhos, por isso eu acho que ela deve ter se apaixonado por sua beleza interior. Eles fizeram uma turnê como curiosidade pelas cortes europeias e foram retratados em quadros. Mas os filhos que herdaram a condição do pai foram tirados deles e entregues a nobres europeus como animais de estimação.

Por falar em curiosidades, em junho de 2016 fui convidada para ir a Berlim junto com um grupo de refugiados para encontrar uma senhora chamada Samantha Power, embaixadora dos Estados Unidos para as Nações Unidas. Fui de trem com Nasrine e nós rimos do fato de que andar de trem havia se tornado algo tão normal para nós. Eu estava animada por conhecer aquela cidade tão famosa que até o ano do nascimento de Nasrine era dividida por um muro, e onde Hitler e Eva Braun tinham se matado em um *bunker*.

Havia uma dúzia de refugiados e cada um contou sua história, o que foi muito emocionante – e eu preferia não ter ouvido. Mas eles também mostraram como estavam tentando contribuir positivamente para a vida em seu novo país.

Havia um médico chamado Hamber que tinha sido prisioneiro político em Damasco e que estava tentando obter seu credenciamento para exercer medicina na Alemanha. Nesse meio-tempo ele trabalhava como voluntário atuando como intérprete de refugiados que realizavam exames médicos em Berlim.

Também havia um jovem chamado Bourak, de Alepo. Como Nasrine, ele estudava na universidade, fazia o curso de Ciências da Computação, mas também teve os estudos interrompidos, como minha irmã. Estava aprendendo alemão e estava louco para voltar para a universidade; ele havia criado um aplicativo chamado BureauCrazy, que ajudava as pessoas que estavam procurando asilo a entender todo o processo e disponibilizava os formulários em várias línguas.

Os embaixadores não têm muito tempo e nós não podíamos falar muito. Quando chegou minha vez, eu disse: "Somos pessoas que estão morrendo todos os dias para ter a oportunidade de escovar os dentes de manhã e ir para a escola". Eu também disse: "Todo mundo quer falar comigo porque estou sempre sorrindo – é tão difícil assim encontrar um refugiado sorrindo? Será que eu sou algum tipo de alienígena?".

Bland, Nasrine e Nahda conseguiram o asilo depois de terem respondido a várias perguntas para uma corte em Düsseldorf e agora têm os documentos de residentes. Mas eu ainda estou esperando, talvez por ser menor de idade. No meu caso, em vez de me apresentar diante de uma corte, fiz uma entrevista com minha guardiã alemã. Ela me fez perguntas sobre a viagem e também perguntou por que fugi da Síria, se eu tinha visto coisas horríveis e se eu tinha alguma prova das dificuldades em minha terra natal. Eu e Nasrine demos risada depois da entrevista – será que ela não acompanha o noticiário?

Nahda entrou com um pedido de reunificação familiar e está torcendo para que seu marido Mustafa possa se juntar a ela e suas filhas. Faz quase um ano que eles se despediram naquela praia da Turquia. Nahra está instalada em um campo perto de Hamburgo com seu marido, à espera do asilo, e esperamos vê-la em breve. Somente Jamila continua na Síria, em Kobani, porque seu marido não quis ir embora. Agora eles têm eletricidade e o Daesh saiu da cidade, mas a vida é difícil e não há escolas abertas para seus filhos.

Sei que temos sorte. Minha prima Evelin, que atravessou a Europa no mesmo grupo de Nahda, ainda está em um campo montado em uma quadra de basquete. Ela diz que estão sempre roubando suas coisas – seu celular e até suas roupas quando ela pendura para secar – e todas as manhãs é sempre a mesma coisa no café da manhã: três pedaços de pão, manteiga e geleia. Ela precisa ficar em longas filas para conseguir alguns trocados para as despesas. Alguns amigos que estão em Berlim disseram que têm muito medo de sair por causa da hostilidade. Alguns até querem voltar para a Turquia ou para a Síria, mas agora é impossível. Meu irmão Mustafa e sua esposa,

Dozgeen, entraram com um pedido para irem aos Estados Unidos por intermédio do ACNUR na Turquia há um ano, mas ainda estão esperando por uma entrevista.

Ninguém mais faz a viagem que fizemos. Com a mudança de atitude da Alemanha com relação à aceitação dos refugiados depois dos ataques de Colônia, a União Europeia assinou, em março de 2016, um acordo com a Turquia que prevê o pagamento de 6 bilhões de euros para o fechamento da fronteira e de sua costa para interromper o fluxo de imigrantes. Mustafa disse que há muito arame farpado e soldados turcos com seus tanques em Jarabulus. Muitas pessoas ficaram na Grécia devido ao fechamento das fronteiras. Mais de 50 mil ainda estão lá, inclusive nos campos em Lesbos, e alguns dos nossos primos que estavam em Idomeni, tentando entrar na Macedônia.

As únicas opções que as pessoas têm agora são o Líbano, que está no limite de sua capacidade, pois um de cada cinco habitantes é sírio, e a Jordânia, que tem mais de 1 milhão de refugiados sírios além da sua própria população de 6,5 milhões de habitantes e que recentemente fechou a passagem, deixando milhares de pessoas empacadas no deserto junto à fronteira. Parece que a nossa jornada até aqui aconteceu há muito tempo. Apesar de ter ocorrido devido a uma tragédia, eu me lembro dela como a maior aventura da minha vida, uma história para contar aos meus netos.

Recentemente, alguns fãs de *Days of our Lives* que ficaram sabendo da minha história vieram nos visitar trazendo presentes incríveis, como fones de ouvido azuis e o iPad; e eles nos levaram, Nasrine e eu, para um passeio de barco pelo Reno. Para minha surpresa, percebi que Nasrine estava chorando. Ela me disse que se lembrou do bote até a Grécia. "Tudo bem, não é culpa sua", ela disse.

O *quark* é a menor partícula existente no universo, e é como me sinto no meio dessa imensa massa de imigrantes. Cerca de 5 milhões dos meus compatriotas deixaram a Síria desde o início da guerra, em 2011, e 1 milhão e 100 mil deles fizeram a mesma viagem que nós fizemos pela Europa. Cerca de 430 mil vieram para a Alemanha. Um quarto do total de refugiados é composto de crianças como eu, de até 17 anos.

Não temos muitas opções. Daqueles que ficaram na Síria, mais de 250 mil foram mortos. Alguns ficaram sitiados durante tanto tempo que ficaram dois anos sem ver a lua. Na Alemanha eles nos chamam de *Flüchtlinge*. Nasrine disse que parece um nome de pássaro, mas eu odeio essa palavra, assim como odeio as palavras "refugiado" e "imigrante". São muito duras.

Recentemente foi realizado o julgamento de Frank S., o homem que tentou matar *Frau* Reker, a prefeita de Colônia. Ele reclamou que a Alemanha estava caminhando para a "autodestruição" ao aceitar tantos refugiados. "Vi isso como a última oportunidade para mudar alguma coisa", ele disse à corte. Depois de sua prisão, ele disse a um policial que também queria matar a senhora Merkel. Ele foi condenado por tentativa de assassinato e sentenciado a quatorze anos na cadeia. "Ele queria enviar um sinal para o governo federal sobre a política para os refugiados", disse a juíza, Barbara Havliza. "Ele queria criar um clima de medo e influenciar essa política."

Então, na terceira semana de julho, quando as aulas tinham acabado e todo mundo estava entrando no clima de férias, a Alemanha viveu sete dias de terror. Tudo começou em uma segunda-feira, quando um refugiado de 17 anos inicialmente descrito como afegão e depois como paquistanês, usou um machado em um trem em Würzburg para ferir quatro passageiros e depois uma mulher que passeava com o cachorro, antes de levar um tiro da polícia.

Quatro dias depois, em um shopping center de Munique, um alemão-iraniano de 19 anos atraiu alguns adolescentes até o McDonald's prometendo lanches grátis e então começou um tiroteio, matando nove pessoas. Dois dias depois ocorreram mais dois ataques na Baviera. Um sírio de 21 anos matou uma polonesa com um facão, enquanto outro se matou explodindo uma bomba em uma mochila na entrada de um festival de música, ferindo quinze pessoas.

Três dos quatro agressores eram refugiados, dois deles sírios. Por isso, mais uma vez, está todo mundo de olho em nós. Um político holandês chegou a dizer que a União Europeia deveria barrar a entrada de todos os muçulmanos. "Nós importamos um monstro e o monstro se chama islamismo", ele disse.

Palavras como essas nos fazem estremecer. Na verdade, esses agressores desconhecem completamente o verdadeiro espírito do islamismo. Mas é claro que deixam as pessoas desconfiadas com relação aos refugiados. De certa forma, acho bom que tenham bloqueado o caminho e que ninguém mais possa vir. Estamos todos preocupados com a capacidade de resistência da senhora Merkel. Até agora ela se colocou contra aqueles que querem se livrar de nós, mas esses ataques foram contra os cidadãos do seu país e, ao contrário do que acontece na nossa parte do mundo, os políticos de países como a Alemanha ouvem seu povo. Ninguém irá se preocupar conosco se causarmos mal ao país.

Pobres europeus, estão vivendo o que nós vivemos. A sensação de insegurança não é nada boa. Ainda damos pulos quando ouvimos um barulho mais alto ou quando alguém levanta a voz. Não quero que meu novo lar seja assim.

A mulher do andar de cima ainda não fala conosco. Mas agora descobrimos que não é só pelo fato de sermos refugiados. Acontece que a casa pertencia a um homem que tinha duas filhas e que, ao morrer, deixou metade da casa para cada filha. Uma delas é a mulher que vive no andar de cima; ela quer comprar a parte de baixo e ficar com a casa toda, mas o marido da irmã não concorda e aluga a casa para nós.

Então é assim que vejo as coisas: sim, sei que damos muita despesa. Em 2015, os contribuintes alemães pagaram mais de 23 bilhões de dólares para cuidar dos imigrantes, segundo o Instituto de Pesquisas Econômicas de Munique. Mas é só nos dar uma chance para podermos contribuir. Se você não aceita os refugiados por questões humanitárias, que tal pensar nos benefícios que trazemos para a economia? É preciso ser muito resiliente e engenhoso para ter conseguido chegar até aqui, passar por todas as pessoas que só querem nos roubar, nos enganar ou barrar nosso caminho. Muitos dos que fugiram são qualificados ou têm educação superior. Sei que não fui para a escola, mas falo um inglês de telenovela bastante fluente.

A Alemanha tem a menor taxa de natalidade do mundo e há anos sua população vem encolhendo. Até 2060 a população alemã deverá cair de 81 milhões para 67 milhões de habitantes. Para manter o funcionamento da indústria de forma a continuar sendo a maior economia da Europa, ela precisa da mão de obra estrangeira. A Alemanha já concedeu asilo a 240 mil sírios, incluindo meu irmão e minhas duas irmãs, apesar de ainda não ter me concedido asilo. A União Europeia tem 500 milhões de habitantes, ou seja, mesmo que receba 1 milhão e 100 mil sírios que já vieram para a Europa, isso equivale a pouco mais de dois décimos da população – muito menos do que esses países acolheram depois da Segunda Guerra Mundial. Alguns países aceitaram poucos refugiados. O Reino Unido, apenas 5.465, um quarto do número aceito no ano passado pela cidade de Colônia. Acho que, ao contrário da Alemanha, a população do Reino Unido está se expandindo. O primeiro-ministro David Cameron havia prometido receber 20 mil refugiados até 2020, mas teve que renunciar depois de perder o referendo no qual as pessoas votaram pela saída do país da União Europeia, em parte porque queriam impedir a entrada de imigrantes.

Quando as pessoas nos conhecerem melhor, verão que não somos assim tão diferentes. Como eu disse, o motivo para não termos uma foto da família é que jamais imaginamos que algo assim aconteceria conosco.

Eu queria ir para o espaço e encontrar um alienígena, mas às vezes me sinto como um por aqui.

Sinto falta da época em que eu ficava assistindo à TV em meu quarto no quinto andar em Alepo. Agora eu tenho uma vida de verdade. Às vezes tento bloquear tudo colocando fones de ouvido, ligando a TV e viajando sozinha para aquela época. Sinto que a antiga Nujeen está sumindo e que uma nova está surgindo. Sinto falta do meu país, até da casa com cães e gatos, e sinto falta da porta de casa sempre aberta. Sinto falta do som do azan – a chamada para a oração que costumava subir até a nossa varanda. Ouvi falar que alguns refugiados usam um aplicativo para ter essa chamada nos celulares. Eu me sinto culpada por ter deixado minha terra natal.

Acima de tudo, sinto muita falta de Ayee, de Yaba e da minha irmã Jamila; tenho medo de nunca mais ver meus pais porque eles estão velhos. Tenho medo de ficar sozinha.

Não sinto falta da Síria quando penso em como a minha vida era difícil. Quando me lembro de como ficava assustada, dos perigos que passamos, agradeço a Deus por estarmos aqui. Só Deus sabe quando tudo isso irá acabar, e a Síria que conhecíamos não existirá mais. Sonho com o dia em que a morte voltará a ser algo anormal para mim. Talvez um dia tenhamos nosso Curdistão, nossa Rojava. Agora há pouco eu estava assistindo a um vídeo no YouTube chamado "Dez países que poderão existir no futuro", e adivinhem qual era o número um? O Curdistão!

E eu fico pensando. Se um dia voltarmos, conseguiremos reconhecer um ao outro? Eu mudei, e meu país também mudou.

Vir para a Alemanha era o meu sonho. Talvez eu não me torne astronauta. Talvez eu nunca consiga aprender a andar. Mas existem muitas coisas boas nessa sociedade e eu gostaria de misturar com algumas coisas boas da minha cultura e fazer um coquetel Nujeen.

Vou para a escola cheia de orgulho usando minha nova camiseta amarela com a frase "Garotas adoram unicórnios" e a corrente de prata que ganhei de um astro da TV, e eu posso sonhar. Agora que você leu minha história espero que consiga ver que não sou apenas um número – nenhum de nós é.

APÊNDICE
Minha jornada

Distância total: 5.782 quilômetros; custo total da viagem: 5.045 euros (para mim e minha irmã)

Síria

2012

27 de julho	De Alepo para Manbij 90 quilômetros de micro-ônibus

2014

Agosto	De Manbij para Jarabulus 38,6 quilômetros no carro do tio Ahmed 46 euros para cruzar a fronteira
No mesmo dia	De Jarabulus para Gaziantep (Turquia) 172 quilômetros no carro do tio Ahmed

UM ANO DEPOIS

Turquia

2015

22 de agosto	De Gaziantep para Esmirna 1.112 quilômetros de avião: 300 euros cada uma
	Do aeroporto de Esmirna para a praça Basmane 29 quilômetros de táxi: 15 euros
1º de setembro	De Esmirna para Behram 251 quilômetros de ônibus e táxi: 100 euros
2 de setembro	De Behram para Skala Sikamineas, Lesbos (Grécia) 14 quilômetros de bote: 1.330 euros cada uma, mais 50 euros cada uma pelos coletes salva-vidas

Grécia

3 de setembro	De Skala Sikamineas para Mitilene 48 quilômetros de carro (carona de voluntário)
9 de setembro	De Mitilene para Atenas Táxi do campo de Pikpa até a balsa: 10 euros 420 quilômetros de balsa: 60 euros cada uma
14 de setembro	De Atenas para Tessalônica 502 quilômetros de trem: 42 euros cada uma
	De Tessalônica para Evzoni 88,5 quilômetros de táxi: 100 euros
15 de setembro	De Evzoni para Gevgelija (Macedônia) 1,9 quilômetro a pé

Macedônia

15 de setembro	De Gevgelija para Lojane 201 quilômetros de táxi: 200 euros
	De Lojane para Miratovac (Sérvia) 3 quilômetros a pé (ou de cadeira de rodas)

Sérvia

15 de setembro	De Miratovac para Belgrado 391 quilômetros de ônibus: 35 euros cada uma
	De Belgrado para Horgoš 199,5 quilômetros de táxi: 210 euros cada uma
16 de setembro	De Horgoš para Röszke 12 quilômetros de ônibus: 5 euros cada uma
	De Röszke para Apatin 125,5 quilômetros de táxi: aprox. 125 euros

Croácia

16 de setembro	De Apatin através de campos até a Croácia, depois em uma van da polícia até uma cidadezinha (nome desconhecido)
	Da cidadezinha até Zagreb 336 quilômetros de ônibus
17 de setembro	De Zagreb até a estrada Žumberački 33,7 quilômetros de táxi: 100 euros
	Da estrada Žumberački até Slovenska Vas (Eslovênia) 900 metros a pé

Eslovênia

17 de setembro	De Slovenska Vas até Perišče 4 quilômetros em van da polícia
18 de setembro	De Perišče até Postojna 161 quilômetros de ônibus

20 de setembro	De Postojna até Logatec 27 quilômetros de ônibus
	De Logatec até Maribor 159 quilômetros de trem
	De Maribor até Spielfeld (Áustria) 22,5 quilômetros de táxi: 5 euros

Áustria

20 de setembro meia-noite	De Spielfeld até Graz 50 quilômetros de ônibus
21 de setembro	De Graz até Salzburgo 278 quilômetros de trem: 60 euros cada uma
	De Salzburgo até a ponte do Saalach 8 quilômetros em ônibus da polícia
	Da ponte do Saalach até Rosenheim (Alemanha) 80 quilômetros de ônibus

Alemanha

22 de setembro	De Rosenheim até Neumarkt 220 quilômetros de ônibus
	De Neumarkt até Nuremberg 43,5 quilômetros de táxi: 50 euros
	De Nuremberg até Colônia 430 quilômetros de trem: 115 euros cada uma
23 de setembro	De Colônia até Dortmund (centro de refugiados) 95 quilômetros de trem: 45 euros cada uma
24 de setembro	De Dortmund para Essen 48 quilômetros de ônibus
15 de outubro	De Essen para Wesseling 83,5 quilômetros de micro-ônibus

AGRADECIMENTOS

Agradeço à minha família por acolher incondicionalmente esta criança inesperada e por ter sempre demonstrado tanta paciência comigo.

Agradeço a Deus por ter me dado tudo o que tenho e rezo para que a história da minha vida tenha um final feliz.

O último ano foi uma jornada que jamais poderia ter imaginado quando estava em nosso apartamento no quinto andar em Alepo. Deixei de ser a garota que nunca saía do quarto e que só via o mundo exterior pela TV e atravessei um continente inteiro usando todas as formas de transporte – só não andei de bonde, submarino e, é claro, nave espacial!

Sou apenas uma entre milhões de refugiados, muitos dos quais, assim como eu, são crianças, e minha jornada foi muito mais fácil do que a de muitos deles. Mas isso não teria sido possível sem as pessoas generosas que me ajudaram ao longo do caminho, desde as senhoras e os pescadores da praia de Lesbos até os voluntários e trabalhadores humanitários que nos deram água e que ajudaram a me empurrar.

Jamais conseguirei expressar toda a minha gratidão à senhora Merkel e à Alemanha por terem me dado um lar e a primeira experiência escolar da minha vida.

Aí, recebi uma ajuda enorme dos meus professores Ingo Schrot, Andrea Becker e Stefanie Vree, e também da minha fisioterapeuta, Bogena Schmilewski. E obrigada à minha guardiã alemã, Ulrike Mehren, por me orientar.

Agradeço também aos redatores de *Days of our Lives*, que não tinham ideia de que estavam educando uma garotinha em Alepo. Agradeço especialmente a Melissa Salmons, que trabalhou nas cenas de EJ e Sami – e pela gentileza de todos os fãs maravilhosos, especialmente Giselle Rheindorf Hale.

Sou incrivelmente grata a Christina por ter colocado minha história em palavras, e à sua família, Paulo e Lourenço, por seu apoio (apesar de eles gostarem do Cristiano Ronaldo e, a propósito, Portugal, parabéns por ter vencido a Eurocopa, uma pena que não foi a Espanha!).

Obrigada a Fergal Keane por nos apresentar. Christina gostaria de agradecer a todas as pessoas que ajudaram em suas reportagens sobre a crise dos refugiados, principalmente a Babar Baloch, do ACNUR, a Alison Criado-Perez, do MSF, e a família Catrambone. Nós duas agradecemos a Hassan Kadoni. Obrigada também ao nosso agente, David Godwin, e à fabulosa editora Essie Cousins, ao fantástico editor de texto Peter James, ao designer Julian Humphries, e a Matt Clacher e a Laura Brooke por todo o trabalho de bastidores.

Acima de tudo, agradeço à minha irmã Nasrine por ter me empurrado por toda a Europa e por ter aguentado tudo o que eu dizia mesmo quando não estava ouvindo.